JN144670

ある全共闘不良派の生涯

●本著で使用した［］は読者の便宜を図った編集部の加筆を意味し、（）は原文にあったものである。
●解題にも触れられているように、本著に纏められた原稿は、広い意味の読者を想定しておらず、顔の見える身近な仲間に向けての報告と言った意味合いの強い文章であった。
●それは書き言葉と言うより、語り言葉で記された文言であり、それをそのまま読者に届けることには躊躇いを感じざるを得なかった。原文の雰囲気を変えない程度に細かい補筆を施しているけれども了解を得たいと思う。

編集部より

目次

第二章　出所後のぼく　97

第三章　うちの労働者諸君　115

解題　たけもとのぶひろ

一　はじめに

この本の著者は鎌田克己という人です。

詳しくは「著者略歴」に譲りますが、一九七一年に頻発した、新左翼過激派による、いわゆる「爆弾闘争」の関係者の一人とされた人です。東京拘置所に未決囚として収監され、のちに新潟刑務所に懲役囚として下獄、獄中生活はあわせて七年半に及びました。

新潟を出所してのち、当時は未だ浦和拘置所に収監中だったぼくを見舞ってくれたのが、彼との最初の出会いです。やがて僕も出所し、娑婆で再会。以後、友だちのつき合いをしてきました。長いつき合いとなったのには、彼のお兄さん、俊彦さんの存在があります。鎌田俊彦さんは、上記闘争のうち、幾つかの事件の主犯格として無期懲役の判決が確定し、いま現在も仙台の宮城刑務所に服役しておられます。

出所したのちぼくがお兄さんのところを〝陣中見舞い〟のために訪ねたのは、東京拘置所に何回かと、仙台は一回のみですから、「救援」のために何かをしただなんて、気恥ずかしくていえません。

それでも鎌田俊彦救援機関誌『そうぼう』は毎号、送ってもらっていました。克己さんご夫妻による編集発行で、メインの文章を服役中の俊彦さんが書き、弟の克己さんが「編集後記」を担当しておられました。お兄さんは守備範囲の広い読書家にして・博覧強記の文章家としてその名を知られたお人ですが、克己さんのほうはテレた振りをして、しかし言いたいことを正直に書かないではおれないたちらしく、心にダイレクトに届く物言いが魅力でした。

あれっ、と驚いたのは、『そうぼう』第一六六号（二〇一三年一一月三〇日発行）です。**（本著一八六頁）**

いつもの「編集後記」ではなく、本文中に鎌田克己の署名入りで「報告」というタイトルの文章が三編、一挙に掲載されています。二〇一三年八月二日、九月六日、一一月三〇日に執筆されたそれらの文章は、四つの癌の闘病記でした。

はじめて目にしたとき衝撃を受けました。飛ぶような速さで先を急いで読んだためか、何がどうしてどうなっているのか、正確には把握できず、二読三読しました。そしてようやく、事の重大さを認識したのでした。

ぼくも数年前に食道癌で、食道の全部と胃の三分の一を切除しており、その際けっこう痛い目にあっているのですが、どうも鎌田さん――以後、鎌田さんと表記するときは弟の克己さんを指します――の激痛はぼくの比でないことが察せられ、心配で何度も電話してご迷惑をかけました。

そうこうするうちに年があけ二〇一四年の春を迎える頃、『そうぼう』第一六七号が届きました。その号も彼の文章は「編集後記」ではありません。今度は「無題」としてありました。実はこの文章のあと彼は、もはや書くことはしていないようなので、これが鎌田さんの最後の言葉だと思います。ということもあって、その、彼にとっての最

著者と愛犬ルナ

終号をここで紹介したいのです。

まず最初に、踏んだり蹴ったりの病気の話があります。一月下旬、体調もよいので仕事に出かけたところ、これまでに体験したことのない激痛を覚えて病院へ駆け込む。診断の結果は腸閉塞。鼻から管を入れて、潜り込んだ小腸を吸い出す作業のなかで、気を失う。癌のおまけに腸閉塞までついてくるとは！　――読んでいて言葉がありません。

でも「無題」の最後、彼は次のように書いて、友人たちに別れを告げます。


「このたびはたくさんの方からお便りを戴きました。ぼくよりも苛酷で困難な状況におかれている人たちにまで気にかけていただき、ほんとうに果報者。お見舞金まで戴いてしまいましたが、ぼくの場合、とっても残念なことは、快気祝いができそうにないこと――。ではありますが、案外、治療法の方が追いつくかもしれません」（本著二一四頁）

最後の「ではありますが」の一行が、いかにも鎌田さんらしくて、ぼくはとても好きです。どうして好きなのか、おいおい書いていこうと思います。

もうひとつ、最初の腸閉塞の話と最後の別れの言葉との間に、高橋和巳の痔の話を引き合いに出して述べているくだりがあります。

「その昔高橋和巳の痔の本は面白かった。たしか痔になって行った病院の待合室の情景を描いた内容だったと（思う）、こういうのを書いていたら〔高橋和巳も〕早死にすることもなかったのに。
それはともかく、あの年代の人たちは豪傑でしたね。戦争を経てきた人たちは違うんでしょう、ぼくたちのは紙の上での戦争でしたから」（本著二一四頁）

ここでも最後の一行です。「紙の上での戦争」とあります。この表現は絶妙です。鎌田さんその人の生きてきた軌跡というものがあって、そのなかから産み出された、彼ならではの言葉だと感じました。だから、重いなぁ、と。なんと言っても、人生最後の文章のなかで書いているのですからね。ぼくたちのは紙の上での戦争でしたから、と。

鎌田克己という活動家が生きた後半生――ぼくが知っているのは新潟刑務所以降の彼だけなのですが――を、僭越ながら彼に代わって、この世に遺しておきたい、それも彼の一周忌に間に合うように形にできないものか、との思いに駆られました。

はじめぼくは、限られた部数でよいから本の形にできれば最高！　と思っていました。手の平より一回り大きいくらいの、その代わり手にとった人は必ずや大事にしてくださるであろうような、センスのよい本を！　そういうイメージでした。

明月堂書店の社長であり友人でもある末井幸作さんに相談しました。末井さんには、ぼくの『泪の旅人』（二〇〇一年、青林工藝舎刊）、上山春平先生の『憲法第九条――大東亜戦争の遺産』（二〇一三年、明月堂書店刊）でお世話になった経緯があったからです。末井さんは二つ返事で承知してくれたばかりか、本屋さんに並べられるような本を作ろうよ、とまで言ってくれたのでした。何人かの鎌田さんの友人にも声をかけ、みんなの協力を得て集めれば『そうぼう』「編集後記」は集まるはず、その全部を読めば、そこから彼の後半生を再現することができるはずだし、世に問うに値する本も作ることができるのではないか、と。

ぼくとしては〝我が意を得たり〟の思いがしました。

鎌田さんの文章について一言しておきます。彼は「編集後記」という枠組みのしばりのなかで、あれこれの出来事を報告し、あるいはそのときどきの思いを伝えようとしてこられました。読む人は『そうぼう』の読者に限られていました。広い意味での仲間と言ってよいのではないでしょうか。つまり彼は、一般の読者を想定した出版前提の原稿を書いてきたわけではなかったということです。

そういう条件のもとで書かれたものですから、ふつうの世の中の人びとに読んでいただくためには、ひと工夫もふた工夫も要るのではないか、はたしてそういう工夫がぼくたちにできるであろうか——それが不安でした。

とはいえ、鎌田克己という人物の魅力には自信がありました。あるからこそ、無謀な挑戦を企てようとしたのでしたが、それでも、やってみないとわからない、といった種類の不安はやはり拭えませんでした。しかし、案ずるより産むが易しとはよく言ったものです。鎌田さんの魅力を見いだすたびに、ぼくらの不安はおのずと解消されていくのを実感することができました。それが励みでした。

それと、上述のようにもとが「編集後記」の文章ですから、いきおい断片的にならざるをえません。この点も実は心配でした。もちろん、なんとかできるとの見通しがあったわけではありませんし、事実苦戦しました。その一方で、しかし、信じてもいました。それら断片の間にあるにちがいない道を見つけてつないでいけば、いくつかのまとまりにできるはずです。そして、もしもそのようにいくつかのまとまりに分けて考えることができれば、それぞれの面から鎌田克己という人間にアプローチすることができるし、そこから彼を知り、彼から学ぶことも可能になるのではないか、と。

こうした問題意識を〝導きの糸〟として取り組んできました。その成果がこの本です。

その作業のなかで時として感じることがありました。

あらかじめ読者のみなさんに、鎌田克己という人についての予備知識を持ってもらったうえで、鎌田さんその人に出会ってもらったほうがよいのではないか、と。

そのためには、ぼく自身が鎌田さんとどのように対面し、彼をどのように読んで整理してきたかという作業のプロセスを、そのまま見ていただくのがよいのではないか、と。

そういう思いからお節介を承知で書かせていただいたのが、この「解題」です。

二 新潟刑務所

鎌田さんの後半生を決定づけた究極のものは何だったのかと問われれば、ぼくは迷わずに即答します。新潟刑務所の体験であったにちがいない、と。その刑務所の日々がどんなものであったたか、これを知らないでおいて鎌田さんを理解することはできません。

そこでまず、彼の体験を紹介しながら、刑務所というもののおおよそのところを知っておいてもらおうと思います。世間一般の人たちは、刑務所がどういう所か、知りたいと思う動機もないでしょうし、知る機会もないでしょうから。

「社会の縮図」などと訳知り顔で言われると、元受刑者としては、冗談もいい加減にしろと言いたくなるに違いありません。鎌田さんは、刑務所が一般社会とはまったく別の世界であることを指摘しています。刑務所には「社会」も「生活」もないのだ、と。その、社会の存在しない所に、どうして社会の縮図があるのか、と。

それどころか刑務所は、「社会」や「生活」はおろか、「人間であること」自体を許さないのだ、と言わんばかりの鎌田さんの文章を紹介します。

当局とのコミュニケーションは事の大小にかかわらずすべて〝願い出る〟形式を踏まなければなりません。「願箋」という名の紙切れに必要事項を書き込んで、お願いします。お願いの筋についての許可・不許可の決定は当局の裁量です。以下は、面接許可をとって取調室に出頭する場面の話です。

「お話したいときは、あらかじめ「面接願箋」を提出し、取調室に行ってはじめてそれが可能なのである。だが、取調室に行くにはただ歩いていくのではない。

そんな「牧歌的な散歩」は八四年四月で終わった［東京拘置所・未決囚服役終了］**。**

三〜四分のところを、号令に足を合わせ、ひざが直角になるまで上げて、手は肩の高さに振り、歩くのである。止まるときは、十分足踏みをして号令通りピタリと決めねばな

らない。
その際、自分で「イチ、ニッ」と声を出して止まるのである。そうして取調室に入るのだが、この取調室に入るにもいくつか号令があり、入ったら番号、氏名を唱え、正しくお辞儀をして、ようやく口をきくことができる。（中略）「面接」とはいっても、大体それは立ったまま行われるのである」（本著七六頁）

読者のあなたが、不幸にして刑務所・号令社会の住人になったとして、こんな屈辱的な軍隊式行進をやることができますか。その屈辱に耐える自分を想像することができますか。ぼくは刑務所のこの軍隊式行進を見たことがあります。写真でも見たし、テレビでも見ました（号令の声は消されていましたが）。見るだけで恥ずかしかったです。まるで自分が辱められているような、言いようのない羞恥心に駆られました。その恥ずかしい思いを鎌田さんが日々強制されていたかと思うと、それだけで耐え難いものがあります。

これが「懲罰審査会」への出頭となると、さらに苛酷です。鎌田さんは何度も懲罰にかけられています。その様子は想い描くだけでもおぞましい光景ですが、ここに書き写さずにおれない迫力を感じます。

「そもそも懲罰審査会などトコロテン式である。所要時間は長くとも七〜八分くらいなもの、ふつう五分とかからない。

審査会室に入る前に、入口で号令のもと足踏みさせられ、入るときは大声で称呼番号・氏名をとなえ、最敬礼して、足型の描いてあるところまでの五〜六歩を、足高くあげ、腕を肩の高さに振り、歩く。そして号令のもと最敬礼して椅子に座る。座り方は背もたれに寄り掛かってはならず、背筋を伸ばし、膝をくっつけ、両手は膝の上に置き、かしこまっていなければならぬ。

目の前すぐに裁判官役の管理部長がいて、両側は一メートル足らずに連中の机がせり出て、警備隊がその背後に控えている、物々しいなか区長が起訴事実を早口で読み上げるのだ。

緊張していると何を言っているのかわからない。読み上げが終わると保安課長が起訴事実に間違いないかと聞き、教育課長が現在の心境を聞き、管理部長が一言しゃべって号令とともに退出させられる」（本著八二頁）

何回読んでも、読むたびごとに、読んでいるだけで、怒りが込み上げてきます。足はどこまで上げろ、腕はどこの高さまで振れ、大声で自分の番号と名前を唱えるんだ、座るときは背もたれを使うなよ、背筋を伸ばして、膝をくっつけて、などと命じます。

じゃかましい！　おまえら、いちいちうるさいんだよ！

なにも抵抗できない一人の人間を中に置いて、その前後左右をおのれら制服の刑務官でもって取り囲み、恐れ入れ、畏まれ、だと？

なにが「イチ、ニィ」だ！　ふざけるのも、たいがいにしろ！

屈辱のあまり、怒りが爆発しそうになるのを、抑え込み、押し殺すのに、鎌田さんは、どれだけの思いをされたことでしょう——見ただけ聞いただけのぼくでさえ、屈辱に震えるほどの思いをするのですから。

ここで念のために『新明解国語辞典』で「屈辱」の項を見ておきます。

「その場の雰囲気に押されて、反撥・対抗できなかったり 無法な力によってねじ伏せられたりして、不本意ながら、恥ずかしい思いをさせられること」とあります。

屈辱をしのぐのは、このように容易ではありません。でも、それに負けず劣らず、懲罰審査の結果こうむる実害のほうも深刻です。先の引用のあと、彼はこう書いています。

「こんな『裁判』で懲罰を濫発するのだから、される方はたまったものではない。ぼく自身も二級から三級に降下され、面会・発信が月４回から月２回に、お給金は半減、そ

れに二級の無事故二年でようやく手にした厚い布団・毛布までペラペラになったのである。

南舎での独居拘禁につづき、懲罰は骨身にこたえた。どうやらそれ以来、ぼくの性格が変化してきたらしい。性格が悪くなったとも、落ち着きがなくなったともいう」

（本著八三頁）


性格がどうしたこうした、というくだりは、事柄の深刻さをやわらげようとする鎌田さん特有のテレというか、読者に対する気遣いというか、その種のものだと思うのですが。

ここに「お給金は半減」とありますでしょ。いったい、彼らの一日の稼ぎはいかほどになるとお思いですか。ぼくは鎌田さんに教えてもらうまで、知りませんでした。彼は出所の日の思い出を述懐するなかで、こんなふうに「お給金」に関する情報を伝えてくれています。その日の思い出のところから引用します。


「塀の外に出て二年が過ぎたらもう九〇年代に入っていた。しのぎに追われたこの二年、それでも外に出て懐にいちばん堪えた出来事はよく思い出す。

出所の日の夕方、都内でホテルに向かうタクシーの中、メーターがひんぱんに音を立てて上がるのだ。目を凝らし暗算すると九〇円ずつである。音を立てて加算されるごとに心臓がドキンドキンする。

というのも、塀の内側の世界における五年半の平均的日当が九〇円なのだ。月収千円未満の見習工から年季奉公を重ねても最高月収で六千円弱のお給金、たとえ優秀で作業熱心な受刑者であろうと持って出る金はわずかなもの、出迎えのない出獄者にとって、風の冷たさは正門から出ても、そのまま舞い戻ることになりかねないほどだ」(本著一〇四頁)

ここに「五年半の平均日当が九〇円」とあるのは、明記していないだけで、彼自身のデータなのでしょう。出面(でずら)が月二二日あったとして、彼が新潟刑務所で五年半の間に稼いだ給金の総額は、九〇円×二二日×六六か月＝一三万六八〇円となります。

彼の場合、五年半のうちの三年半は厳正独居で、その間は房内労働となり、給金の大幅ダウンに甘んじざるをえなかったでしょうから、その分を考慮に入れなければ公平を欠きます。が、それにしても、「五年半」の労賃がたったの「一三万円」だったとは!

奴隷同然の強制労働の対価は、雀の涙ほどもない給金。懲罰は、その有るか無きかの給金を半分に削ると言う。当局に言わせると、懲役にせよ懲罰にせよ、懲らしめるのは、囚人の人格を矯正し、社会に復帰させるのが目的であり、前述の「号令」や「行進」も、同じ趣旨である――と、そういうリクツです。

鎌田克己さんは、しかし、刑務所当局の意図に服することをいさぎよしとせず、人格の矯正などもってのほかとこれを拒み、社会への復帰を成し遂げたのでした。傷だらけになりながら手にした勝利だったのではないでしょうか。雪深い刑務所のなかの孤軍奮闘のきつさは、本人のみぞ知るところでしょう。ただ、彼としては中山千夏さんの名前を挙げて、彼女への深甚の感謝の言葉を記し、たった一人の孤立した戦いではなかったのだ、と思い返してもいるのです。彼女の講演会に参加して「一〇年も過ぎてからのお礼」を言うことができた、とも書いてあるのですが、そのお礼の部分のみを次に紹介します。

「参議院の法務委員会で（千夏さんが）、ぼくの厳正独居をはじめとした処遇の不当性を何度も追及してくれたことが、どれほど勇気づけられ、励みになったかしれない。
孤立とは怖いもの、人格を崩壊させる。刑務所の厳正独居の処遇は、隔離して、懲らしめ、そして矯正する、という人格をも変える処遇である。一般的には、転向を強制する処遇ともいえるが、『転向』などという薄っぺらなものではない。
ぼくが人格を矯正されず、それに研きをかけ、社会復帰できたのも千夏さんの追及が徹底的だったからである。人間は社会的動物であることを実感させられ、一人でも生きて

いけるなどという気負いは、ゴーマンでもあると知った。当時の支援の輪は、隔離を鍛錬の場と化すほどの力を与えてくれたのである。裁判では、被害の実態しか主張していないが、鍛えられたのであった」（本著二〇九頁）

彼はここで正直に語っています。――励まされ、鍛えられ、人格の矯正を免れるどころか、むしろ研きをかけて、社会に帰ってきた、そして「人間は社会的動物であることを実感させられ」た、と。

「人間は社会的動物である」ということの実感、そう信じたい気持ち――出所したばかりの鎌田さんを支えたのは、この種の感情だったのではないでしょうか。

三　うちの諸君

社会に帰ってきたと言っても、そこで然るべき位置を見つけなければ生きてはいけません。位置を見つけることができなかった元受刑者は、あの忌わしき檻の中にまい戻るしかありません。幸運にも鎌田さんは、その位置、つまり職業を得ることができました。「解体業」がそれです。そこへと至る道をつけてくださった方にたいして、彼は足を向けて寝られない恩義を感じてきたに違いありません。

彼の文章のなかで一箇所、「ぼくの尊敬する人」という表現で出てくるのが、その方ではないでしょうか。どこのどなたか、どこで知り合われたのか、ぼくは聞いたことがありません。鎌田さんは、逮捕されるまでに何年もの逃亡生活を経験しています。そのあとは東京拘置所の未決囚、そして新潟に下獄して懲役に服しています。このうち東拘時代の救援関係者というのはちょっとイメージしにくいですから、逃亡中にお世話になった方か、新潟で工場出役中に知り合った方か、どちらかではないでしょうか。だとすれば、その方についてあれこれ喋ったり書いたりしてよいわけがありません。その方は、しかし、彼の胸中にずっと、「ぼくの尊敬する人」として生き続けてきたのでした。

とまれ、鎌田さんは出獄後一年にして「大揮建設工業株式会社」を立ち上げ、そこを起点に新たな社会生活を始めたのでした。それってどんな会社でしょうか、彼自身の言葉で紹介しておきます。

「仕事というのも、建物解体業、去年の〔阪神・淡路〕大震災で一躍この業界は、全国的に認識されたアレである。いかに早く解体し、跡形なく更地にするかを競う」「ひと昔

前は、地上げ屋の尖兵として社会面を賑わせていたが、どうあれ、汚れ仕事で重労働の業界。作業はゴミ片付けから入る。いつか『ゴミにまみれて』とかいう本があったような気がするが、まさにホコリまみれ」（本著一四四頁）

お世辞にも上品とはいえない、いかにも荒っぽい仕事のようですが、いったいどのような人たちと働いていたのでしょうか。彼の次の文章を読んでぼくは、一面意外でもあったけれども、どこかでやっぱりなぁという気もしたのでした。引用します。

「二〇人を超える人間がいると毎日が退屈しない。このうち高校卒業したのが三人、あとはすべて中学卒、読み書き、九九のできないのがたぶん五～六人はいるはず、一人としてサラ金のブラックリストに載っていない者はいないし、当然積立てしている者もいない。

給料日の夜にはほとんど使い果たし、生活費は前借りでと、この悪習は止まらない。それでもここ一年の教化の成果は一人くらいあったかな。

失うものなどどこにある、といった風で生きているから、人の話など耳を避けて素通りするし、虫の居所が悪かったらふて腐れて出て来ない。将来の不安など誰のこととばかり、みんな屈託なく自由に生きている。
徒弟制度が色濃く残っているこの業界でさえ、親方の意向が末端までとどかない時代なのだから、まだ学生服の似合いそうな年少労働者諸君と理解し合おうとする方が疲れる」（本著一一七頁）

また、こうも書いています。

「いやに童顔のバイトが来ているので年齢を聞くと中二という。担任の許可をもらったか？　とは言わなかったが、それが中三になったら毎日来るようになった。卒業したら当然の如くそのまま いついた。何人か見ていると、よくも塀の中に入ることなく大きくなったもんだと、自分の不良だった年少時がだぶってくる。（中略）雑多で混沌としているが、みんな成長期と思えば気も紛れる。不良でヤクザな大酒飲みの集団に、はたして九一年はどんな年になろう。相変わらず見栄とハッタリで泳ぎ渡る一年だろうか」（本著一一九頁）

九〇年の年末、出所してちょうど三年経った頃の文章です。

鎌田さんは、自分のところで働いている年少労働者たちを見ていると、「自分の不良だった年少時がだぶってくる」と書いています。彼らのなかに自分を見いだし、自身との同一性を感じる――ということだと、それはもう「愛情」ということではないでしょうか。

しかし、彼の愛情はなかなか通じない、通じないから疲れる。しかし、そんなにすんなりと通じるはずがないのだ、と彼は自身に言って聞かせています。たとえば、「理解し合おうとする方が疲れる」と書いた先の文章のあとは、こう続きます。

「だいたい、人と人はかならずわかり合えるはず、といった他人に対する思い入れは片思いでしかない」（本著一一八頁）

と書きながらも、その少しあとで、そうは言うもののやはり、と思い直したかのように書いているのです。

「親兄弟でさえ事によれば他人みたいになるのだから、生い立ちも環境も違う世界で成長した人たちとのわれらが世界は、熱意気配り根気の日々かもしれぬ」（本著一一九頁）

と。

「熱意気配り根気」と間を置かずに詰めて書いてあるのを視覚が感じるからでしょうか、その分余計に鎌田さんの情熱が伝わってきます。それはそうでしょう、彼は、

「われらが世界」

と書いているのですからね。

ここで気がついてほしいのは、鎌田さんが彼らのことを言うとき、必ず「うちの諸君」とか「うちの労働者諸君」というふうに表現している点です。「労働者諸君」「諸君」は彼特有のテレだと思います。ぼくが指摘したいのは、「うちの」についてです。

もちろん「会社」「法人」のメンバーという意味ではありません。かつてのような「組織」「団体」が彼らに無縁であることは言うまでもありません。だったら個々の「個人」のことを指して言っているのでしょうか。鎌田さんの会社で働いている個人は、自分で自分を守ることができるでしょうか。できそうもないことは、万人衆知の事実です。

であるからこそ、「うちの諸君」による「われらが世界」を構築しなければ――との思いだったのではないでしょうか。それが、「大揮建設工業株式会社」に托した鎌田さんの夢だったのではないか、そんな気がするのです。

すでにお気づきでしょうが、「うちの」というのは「身内」ということです。会社の年少

労働者たちを、彼は「うちの」人間だと感じているのですね。ホンマかいな？　と思われるでしょ。それがほんとうにホンマなのです。いくつか例文を引用しますから、見てください。
まず、病院を梯子したときの話です。

「どこといって悪いわけではないけれど、今になってもう少し長く生きたい欲が出てきたのでしょう。なにしろ、うちの扶養家族が多くって。」（本著一〇六頁）

ここで「扶養家族」と書いているのは、「うちの労働者諸君」のことです。
次に、お金とは何ぞや？　みたいな話をアタマに振っておいて、自分にとってはいったい何なのか、ということを彼一流のレトリックで書いています。

「というわけで、有産者にとっては、あればあったでなくなるのが不安、無産者にとっては、なければ生きていけない、（だから）あってもなくてもそれは心配の種、と定義したのはどこかの学者。さて、ぼくにとっては……自分のものであってそうでないような……誰がために貢ぐわれの一途な孝心、山なる負債」（本著一二二頁）

山なる負債をものともせず、稼ぎに稼いだカネではあるが、そのカネ、自分のものであるようなないような、どうせそうなら、ええぃめんどくせぇ、吐き出してしまえ、溜めこむよりはその方が、余程すっきりするに違いねぇ――なんてね、芝居で見栄を切ってる場合ではないのですが、先ほどの引用文で彼が「見栄とハッタリで泳ぎ渡る」と書いていたのは、じつはこの種のことだと思うのです。

その部分を読んだときぼくは、むしろ「見栄とハッタリ、男の痩せ我慢」とでもやってほしかったのになぁ、と思ったものですが、鎌田さんは別のところで「男の美学」と書いておられます。背負い投げでイッポンとられたの感があります。その部分は以下の通り。

「うちの労働者諸君はこの陽射しの中、横浜くんだりまで早朝から出かけ、トタン屋根の上にのぼって、大ハンマーやらバールを振りまわして、家をたたんでいる。うちの諸君には、労働は神聖不可侵、職人は目一杯働いてこそ男の誇り、生傷怪我は男の勲章、働いて働いて家族を養い、全身汗して気持ちいいビール飲んで、ぐっすり寝るのが男の生活。秋の旅行はソウルだよ、とおだてて労働意欲を刺激している。今の時期、虚栄を維持するのは辛いものがあるけれど、これも男の美学。でも、ぼくはソウルに行けるのだろうか。いや、行って、帰って来られるのか」（本著一二五頁）

とにかくテンポのいい文章です、書いていて愉しいのでしょうね。鎌田さんが「うちの諸君を引率して」海外旅行に出かけたのは、ソウルだけではなく、バンコク、上海、遠くはスペイン、モロッコ、と書いてあるから驚きます（『そうぼう』に書いてあるのはたしかこれくらいだったと思うのですが、他にもあるのかもしれません）。

これだけ面倒を見てもらえば、「うちの諸君」も働きに働いたに違いありません。けれど社長の鎌田さんの働きは尋常なものではなかったのではないでしょうか。これだけの数の若い者を束ねて働かせ、メシを食っていけるようにしなければ、との心配があります。それらの心配は、仕事は順調に回っているか、負債の返済は滞っていないか、など結局はお金の心配と二人三脚です。身も心も疲れきり、気がつくと「人生」というものを見つめている——というふうなこともあったと書いてあります。一九九六年一月一〇日発行の『そうぼう』の文章がそれです。次に示します。

「まったく九五年は、思い出す間もない一年であった。

何が忙しいたって、お金に追われるのが一番。逃げても逃げても、ついてまわり、かわし、返し、払って、貰い、とやっているうちに、とうとう首が回らなくなって、この二か月はカイロ［カイロプラクティック］通いの、カイロ中心の毎日である。

春頃から腰痛がひどくなって、週の半分はゴロゴロ。そのうち背中が張って、自力更生もかなわず、整体に来てもらい、整形に通いと、気持ちは焦ってもさっぱりだった。

それがある日、TVで観たのがきっかけで、都心のカイロに通うようになって、もうそろそろ仕上げの段階に来たみたい、足が悪かったらしい。

当初は、身体の筋肉がパンパンに張って、触られるだけでもヒーヒー言っていたのが、背中と腰の痛みはとれたようで、あとは足と尻、これに首、となれば、すっかり別人。人生の折り返しが過ぎて、なお、まったく別の人生が歩めるような、人生観が変わりつつある心境である。

三年半の厳正独居は、現象的には腰痛だったけれど、精神的には将来への不安がふっ切れることはなかった。座位の強制、運動不足が足にきていたらしい。出所後も腰には無理を重ねたこの間だけど、これで来年からは展望が開けそうである――明るいあしたが」

（本著二〇七頁）


ここではなんとか持ち堪えて、「明るいあした」へと向かおうとしています。それから約三年の後、業界がますます暗い雲に覆われていくなかで、彼は自身を励まし奮い立たせるかのように、言って聞かせています。

「この頃よく聞く話は、借り入れもしくは支払い遅延のあと、旅行に行って、まもなく倒産、夜逃げ。心境としては、最後は労働者諸君にいい思いをさせたいといった気分なのだろうが、はたからみれば、残すのは負債よりも現金の分配のほうがありがたいはず。ぼくも『よく聞く話』とはならないよう、額に汗して、これからも労働に励もうと、そのつもり。不思議なことに、この仕事はもう一〇年やっている。あと一〇年、忍耐と献身で」（本著一三〇頁）

切なくなりますでしょ。「もう一〇年やっている。あと一〇年」とあるだけで、察するに余りあるものがあると言うのに、その後を「忍耐と献身で」と続けているのですから。

四　可愛いルナ――私生活の断面（一）

鎌田克己さんは元過激派の活動家ですから、世間一般の目からするとよほど凶悪なイメージで見られてこられたのかもしれません。しかし、ぼくの知っている鎌田さんは、世間一般の水準をはるかに超えるほど、思いやりが深くて親切だし優しい人です。非情とか残酷とかの言葉ほど、彼と無縁な言葉はありません。

そのことをより身近に感じていただきたい、彼の人となりをもっと直接的かつ具体的に知ってもらいたい――そんな思いから生まれたのが「私生活のなかの鎌田さん」という視点です。この視点から『そうぼう』を読み直して、印象に残った文章をいくつか紹介したいと思います。

まず「可愛いルナ」です。彼が文章の中で「娘」と書いているのは、実は人間の娘ではなくて、ルナと名づけた雌犬のことなのですが。『そうぼう』(五四号、一九九五年八月三日)がデビュー版です。一部抜粋を紹介します。

「娘がうちにきたのが、三月初め、生後四〇日の、手の平にのるくらいの幼さだった。なにがその気にさせたのか、天気のいい日曜日、小岩のブリーダー宅にお邪魔し、養子縁組してきた。見るだけのつもりが、抱えてしまったのだ。もう離れない、離さないの、一時間余り。三匹のうち、丸々として一番元気がよかったのが、うちの娘。その日を境に人生が一変した。一五年は生きるらしい。無期の人が出てくるまでは、親子三人健康

に過ごすつもり」（本著一四〇頁）

まだひと月たつかどうかの頃、もう日立の海に連れて行っています。可愛いのですね。

「平日でしたから、さすが、人は少なかったですよ。空はどこまでも高く、風はなく、波おだやかな太平洋。犬に泳ぎを教えようと、犬用の浮輪を買って、それに乗っけて海に入ったら、強烈な体験だったのか、夢中になってしがみつかれ、身体じゅう傷だらけ。犬かきを教えてやりました。不思議なことに沈むのですよ。ぼくの後をついてきたくて泳ぎだすのですが、頭まで潜りながら必死になって……健気なものです。パラソルの下で、たらふく食べて、缶ビールどんどん空にして、昼寝して、起きて泳いで、またどんどん空にして、大汗かいて、気がついたら夕方。アルコールはどこへ消えたのでしょう」（本著一四二頁）

書き写しながら笑えてきます。「またどんどん空にして〜」なんて続けてくるものだから、吹き出しましたよ。ええ加減にせえよ、なんてね。

それにしても、鎌田さん、ルナと戯れ、ビールどんどんどんどんどん呑んで、幸せ一杯だったでしょうね。心の中で叫んでいましたよ、きっと。

殺されてたまるか、どっこい生きてんだよ！
これでいいのだ！　ざまぁみやがれ！
なんてね。うちの愛妻とうちの愛娘と自分との三人家族、幸せいっぱいです。
鎌田さんは仕事に行くのも彼女と一緒――なんて微笑ましい情景もあります。

「うちに来た頃は、目が離せなくて、よく現場や事務所に連れて行き、おとうさんの仕事を見せていた。作業はゴミ片付けから入る。まさにホコリまみれ。それらを目にし、臭いで育った娘は、散歩コースに建築現場があると、とくに重機を動かしているなら、尻尾を振って近寄るし、労働者諸君の足元にまとわりついて、ご機嫌をとったりする。そのうち、ゴミ箱をひっくり返し、それを口にくわえエッチラホッチラ。『まぁ、おりこう。これに廃材入れるの、収集運搬業だもんね』とほめられ、仕事した気分でいる」（本著一四四頁）

朝夕一日二回水元公園（葛飾区）を散歩する――それが日課になって一か月の頃、彼らはその公園で不慮の災難にぶつかっていています。大騒ぎの顛末だけを抜き書きします。


「貯水池のほとりの遊歩道は、自然でどこまでも長く、橋もあって、その下に大好きな鳩が巣をつくっている。ルナは鳩に気がいっていたのか、真っ直ぐ橋に行き、端から端へと鳩を追いかけていたのだった。

その夜は、近くで花火大会をやっていた。そのうち、花火は佳境に入ってきたのか、間断なく上がりはじめた。鳩に飽きたルナは、その音に今初めて気づいたとばかりに反応し、いきなり音に向かって走りだした。道路に出たら大変と、すぐ追いかけたのだが、もう姿は見当たらない。あたりは暗くなって、気はあせる。

長距離ランナーのように走って走って孤独と不安に大汗かいてへばった頃、ルナはトコトコ戻ってきた。いつもなら耳をタプタプさせ、飛ぶように駆けてくるのが、しょぼくれ、元気がない。ようく見ると後ろ足がおかしい。もう病院は終わっていたけれど開けてもらい、急ぎに急いだ。じん帯が切れたらしい。数日後、東大農学部の動物病院で手術の運命になった。手術は翌日。入院期間は一週間から一〇日間。

溢れんばかりの愛情を注ごうと、それから面会の毎日が始まったのだが、意外にも術後の経過が良好で、三泊四日でおうちに帰れたのだった。愛は獄壁を越え傷をもふさぐ万

人衆知の後ろ指」（本著一四七～一五〇頁）

最後のセンテンスには笑える、何回読んでも何のことを言うているのか解らない、センテンスというよりナンセンスなんだけど。なんで「獄壁」が出てきて、最後が「万人衆知の後ろ指」にならなければならないのか。鎌田さんというお人は、時々、この種の不可解なことを口走る癖があるのではないでしょうか。ホンマに笑えるでしょ？

五　親思いの息子――私生活の断面（二）

鎌田さんがどれくらい「親思いの息子」だったか、そのことを書きます。

実はぼくも、全国に指名手配され逮捕されました。同じなのはここまでで、このあと鎌田さんは東京拘置所の未決囚を経て新潟刑務所に下獄しておられますし、ぼくのほうは浦和拘置所で未決囚をつとめたのち、いわゆる法廷釈放の判決をかち得て社会復帰しました。ですから、鎌田さんと違ってぼくは、本物の囚人として懲役に服した経験がありません。未決囚と懲役囚とでは、その屈辱無念の思いといい艱難辛苦の質量といい、天と地ほども違うのですから、ぼくは鎌田さんにほんとうに申訳ない気がしています。

どうしてこんなことを書くかというと、鎌田さんもぼく同様、指名手配、逮捕、裁判、判決、下獄のたびに報道されたわけですから、そのたびに、いわゆる〝世間を敵にまわして親不孝の限りを尽くしてきた〟と思うのです。ですから、ご両親に対しても罪をつぐない孝行を尽くさなければ、と思って対してこられたのであろうと、そういうイメージでした。

しかし、そういう、ある種ステレオタイプな表現は、ぼくが親不幸のみで孝行のかけらもできなかったし、していないという〝ぼくの負い目〟の投影なのではないか、と自身を省みて気づかされました。ぼくの場合は、逃亡中に母を、逮捕されたのちの浦和収監中に父を亡くしています。ですから、親孝行の機会は奪われたも同然でした。

しかし、逃亡も逮捕もなかったとして、果してぼくは鎌田さんみたいに孝行を尽くす人間だっただろうかと想いみるとき、はなはだ疑問に思えたりもするのでした。

ぼくが、正直、鎌田さんを羨ましいな、と思うのは、自分の親への思いをごくごく自然体で書いておられる点です。申訳ないもへちまもなく、当たり前の気持ちでおられるという事実です。この点からすると、「親孝行」という道徳の匂いのする言葉さえ不似合いに思えてきて、むしろ単純に「親思い」と表現した方が彼の気持ちに近いのではないか、ふさわしいのではないか、と思えてくるのでした。

鎌田さんのご両親のこと、「うちの」奥さんのご両親のことを書いた彼の文章のなかから、印象的なエピソードを選んで紹介します（会話のなかで彼が奥さんのことを言うとき、うちのカミさんとかうちのヨメはんとか決して言いません。「うちの」で打ち切りです。文章でも「うちの奥さん」と書いた例外は一度だけで、あとは全部「うちの」です。恥ずかしいのかなぁ、この表現には彼独特のニュアンスがあって、忘れることができません）。

彼のご両親は秋田、彼女のご両親は下関です。彼自身「ぼくらの年代で両方の親とも健在なのは稀である」と書いています。いま七五歳のぼくとしては、まったく思っても見ないことでしたが、彼の文章を読むことで、老いるということの現実に直面させられたのでした。そんなことも意識しながら文章を引用し、つないでいきたいと思います。

まずは鎌田さんのご両親の方から。一九九七年五月の連休を利用した秋田行きを報告した文章の冒頭で、彼はこう書いています。

「ぼくの親は、ともに七九歳。母は栃木出身で、毎年、姉妹の家の泊まり歩きを楽しみにしている。数年前から足元がおぼつかなくなり、秋田からの帰りはいつもうちに連れてくる。この頃は父も一緒が多い」（本著一五二頁）

最晩年を迎えたご両親の様子、彼らとつきあう鎌田さん夫婦のスタンスが、たったこれだけの文章ですが、端的に表現されているのではないでしょうか。頻繁な行き来があったのですよね。これはとっても大きなことだと思います。

ところがこの年の連休は、お父さんはお父さんで、お母さんはお母さんで大騒ぎだったようです。お父さんは体調悪化を仙台のお姉さん——鎌田さんの姉さんは仙台で所帯を持っておられ、ご主人はお医者さんらしい——に訴え、仙台から連れに来てもらい、仙台の病院で検査の結果、胃潰瘍との診断で、二か月の治療入院となり、幸い快方に向かわれたようです。問題はそのあとだった、と鎌田さんは次のように書いています。

父は六月末には退院を迫られている。本人は、まだどこか悪いところがあるはず、と悩んでいるらしい。入院初期は、カフカ的世界の迷路にはまりこんだ父の言動に振り回された。われら兄弟が神経衰弱の原因だった時期は過ぎたようだが、まだどこかおかしい。長年にわたり堪えてきたものが、この入院騒動で一気に噴出しだしたのだろう。抑圧下にあった深層心理が。敗戦後、レッドパージ弾圧期を彷彿させる迷言、［彼の父はコアな共産党員だった］**珍語録には、戸惑い、脅え、しかし真剣に対応し、深く悩まされた。笑い事ではなかった。原因の大半は、やはりぼくら兄弟の事件にあったのだろうから。**

でも、もうこの頃では、迷言珍語の種も尽きたみたいで今は、現実の今後の生活に直面させられている。父には、母との生活に自信がないのだろう。自分一人ならどうにかなっても、母の面倒見もとなると、考えも及ばなくなっている」（本著一五四頁）

一方、お母さんの方も――というか、むしろお母さんの方が、とんでもないことになりつつあったのでした。お父さんは仙台へ、お母さんは例によって、鎌田さん夫妻と同乗して彼の自宅に泊まりに来たのち、栃木の姉妹の家の泊まり歩きを楽しむ、といういつものコースだったのが、栃木に送り届けて三日後、泊まり先から電話が入って、お母さんの様子が尋常でないことを告げます。鎌田さんは、流山市の自宅から秋田の病院を手配し、栃木へとベンツをぶっ飛ばし、そのまま母上をのせて秋田の病院へと担ぎ込んだのでした（なお、短い間に流山→秋田→流山→栃木→秋田→流山とぶっ飛ばした「ベンツ」は、彼の言う「見栄とハッタリ」の〝商売道具の一つだったと思います）。

入院時のお母さんは意識が混濁状態で、あと二、三日の命ということもありうると思い切り脅されたくらいですから、最悪の危篤状態だったのでしょうが、一週間ほど「あの世とこの世を行ったり来たりし」たのち奇跡的に回復し、あとは酸素吸入と点滴のみの安定した入院生活だったそうです。

ところが、それはそれで難儀なことになったのだ、と彼の報告は続きます。

「問題は、母にとって入院生活が居心地いいらしいことである。最近では、看護婦さんに退院したくないの？　なんて言われているそうだ。年寄り二人の生活には、もう戻りたくないのかもしれぬ」（本著一五四頁）

お父さんも同じですから、息子の鎌田さんとしては、二人とも「退院したくない・家に帰りたくない症候群」にかかり、う〜んという〝嘆き節〟ですよね、これは。

よくなったらよくなったでお母さんは、暴れたり付き添いさんに当たったりなさるものですから、その度に鎌田さん夫婦は二人で秋田の病院に駆けつけ、なだめたりすかしたりの「ガス抜き」に懸命だったようです。そうこうするうちに九月も半ばとなり、歩行練習に入った初日、タバコ事件が起ります。彼女は車椅子で売店に行き、付き添いさんに煙草を買ってもらい、隣りの床屋に入って、そこで吸った、というのです。「携帯用酸素ボンベを引きずり、鼻にその管をつけたまま」ですからね、もちろん、看護婦さんや主治医の先生からも叱られます。病状も安定しているし退院したら、みたいな話も出てくるでしょ、それは。こうなると、やっぱし彼が駆けつけるしかありません。案の定、駆けつけていって、よくよく言うて聞かせて、来週また来るからと——そのくだりを引用します。

「一〇月三日、リハビリの方に移されることになって、それに立ち会うために、ぼくは秋田に行ったのだった。二日間、じっくり親子の対話を続けたのだったが、その第一点は、病院内でタバコは吸わないでほしい、これであった。不眠不休の治療と看病で生き返らせてもらったのに、タバコなぞ吸っちゃ身内はいいとしても、病院の人たちは精がないだろう。退院したら好きなだけ吸ってもいい、そのかわり死ぬ気で吸ってと。救急車も呼ばないで、家で死なせてあげるから、病院ではもう手当てしてくれないんだからと」（本著一五八頁）

「話し合いは、それでは来週また来て、家［改修中］を見せに連れに行こう、泊まることは出来ないけれど、上がって、お茶を飲むことは出来ると。そうして、辞退していた付き添いさんにまたお願いして、ぼくは帰ったのだった」（本著一六〇頁）

そのあと四日、五日は仙台のお姉さんが付き添いに行かれます。翌六日、よほど楽になった様子の母親を見て彼女は、その日の夕方いったん仙台へ引上げ、帰宅後、弟の鎌田さんのところへあれこれ報告の電話をかけておられます。ところが、その電話が終って三〇分後、ふたたび電話があって容態の急変が告げられたのでした。

眠れず胸騒ぎのする彼は、真夜中の午前二時半、流山を出て秋田へと急いだそうです（彼は物凄いスピード狂のようです、高速の覆面パトに捕縛されているくらいですから）。

五時五〇分、仙台を越えたあたりで、間に合わなかったことを知ります。お母さんとの対面は病院の霊安室でした。その対面を、彼はこう書いています。「まだ、あったかくて、安らかな寝顔だった。いつもどこかピリピリした顔つきだったのが、本当に苦しむことなく逝ったようだ」と。

また葬儀についても、短く次のように記してあります。「葬儀は、たくさんの花に囲まれ、多くの人が別れを告げに来てくれた。身内では、兄の存在はタブーだったが、兄の弔電が読み上げられた。ついもらい泣きしてしまうほど、皆さん、母の死を惜しんでくれて、いい葬儀だった」と。

お父さんについては、「健康な老いの毎日を送っている」との後日談めいた文章があるので、それを紹介しておきます。

「父はすこぶる元気になって、いきいきしていた。母との生活が相当なプレッシャーに

なっていたのだろうかと、ぼくにはわからないが。ともかく元気になって、家事全般、庭の手入れ、はては屋根のペンキ塗りまで一人でこなしている」（本著一六四頁）

片や、奥さんの故郷・下関は彦島のご両親のことです。鎌田さんのご両親と同じく彼女のばあいも、ご両親はお二人とも身体を動かすのさえ難儀な思いをなさっておられるようなのです。二〇〇四年の文章からかいつまんで紹介します。お義父さんは、バスの中で転倒、足を骨折、二年あまりの入院生活に耐えるも、最終的には歩行器がなければ歩けない状態となり、家での生活は無理と断念せざるをえなかったそうです。病院を転々としながら施設の空きを待つ身でしたが。――このあとは、鎌田さんの文章です。

「幸い、家から車で一五分くらいの関門海峡に面した明るい部屋に空きが出て、今ではそこでの生活に馴染んだらしく、おやつとテレビがあればいい、などと言っている。でも、内心はわからない。いつもカーテンを閉め切って、テレビを見ている」（本著一七三頁）

「イカ、エビ、タコをアフリカ沖まで追って、日本漁業の最盛期を海で過ごした頑健だった人が、体力の衰えとともに気力もなえてきている様子には、わかってはいても、かつてと今とのその落差に正視し難い思いがある」（本著一七三頁）

お義母さんの方も、「圧迫骨折で一時は寝たきりの状態から、今では身の回りのことはできるまでに回復した」けれど、やはり「食が細く、一人だとほとんど食べないようだ」ったところへ、「うちの娘を連れて行った」のがよかった、「大当たり」だったと書いてある。彦島のお義母さんのもとで介護犬としてお役に立っているルナのことを、鎌田さんはあれこれと書いていますが、結局は、大好きで片時も離れたくないルナを介護犬としてお義母さんのもとに置いて、自分はひとりで流山に帰り、自分の会社に単身赴任する決断を下すのでした。「大当たり」の後のところを紹介します。

「［義母は］三食しっかり食べて少しルナに与え、その喜びように本人も喜び、そのうえ朝のお目覚めから夜一〇時のお茶の時間まで、義母はおやつ係になっている。うちではあんなには与えていない。医者から『肥満は禁物』ときつく言われている。だけどぼくは、何んにも言わない。義母のベッドで添寝したり、たまに押さえ込んだりして遊んでいる。

毎日の散歩の目当ては近くの小学校のウサギ。朝、夕、一目散に駆け寄り、ウサギを見つめている。その健気な一途さに、とくに女校長先生には可愛がられている。こっちでは考えられないくらい開放的である。

というわけで、ルナは一年の三分の二は下関で介護する幸せを満喫し、ぼくはほとんど単身赴任。毎日つくって食べて、買い物して、それに洗濯、掃除、その合間に仕事して、とかなり充実した日々を送っている」（本著一七三頁）

鎌田さんって、ほんと可笑しいでしょ。「ルナは幸せを満喫し、ぼくはほとんど単身赴任」なんて。これではちょっとひがみっぽいかと気づいたのかどうか、今度は「かなり充実した日々」なんてね、ええ恰好をしてみせるのですから。真相を明かせば、きっとそのあいだに何度も何度もベンツを飛ばして下関に通っていた、みたいな話にちがいありません。ぼくはそう睨んでいます。なにしろ、秋田に下関にと東奔西走する親思いの鎌田夫妻のことですからね。

鎌田さんが奥さんの実家の方々にどれほど歓迎されていたか――それをこれほど有り体に明かした文章があるだろうか、と思うくらいの、鎌田さんの迷文がありますので紹介したいと思います。ホンマに笑えますよ。面白い。愉しいです。


「フグ食が毎日続き、何キロ食べたのだろう。アワビ、二個が限度よ。肝は三つも食べればもういいよ。サザエ、一度に一〇個は無理だよ。赤ナマコ、毎日、毎日、一週間も続けられるとアゴがおかしくなるって。

隣りのおじさんが鯛を持ってきたって？　こんな大きいのをどうやって釣りあげたん？だれが、これ食べるん。ナマモノだろう、オレひとりで？　目ん玉だけでいいよ。

肉三〇〇？　冗談でしょ、五〇も入らない、少し休ませて、ん？　まだモチを食べてない？　ボクを殺す気ですか。

胃袋から食道までビッシリ詰まって、空きはもうノド周辺だけ。ビールで流しこんだらって？　もう見るのも嫌、少し横にならせて下さい。お願いだから、ルーナ」（本著一七〇頁）

何度も通ううちに鎌田さんは、「うちの」の実家のある彦島そのものが大好きになったのではないでしょうか。その描写に、いかにも彼らしい愛情がにじみます。キレのいい文章です。以下に引用します。

「家からすぐに、老いの山公園という起伏に富んだ小高い丘がある。都内周辺にはない公園のつくり、娘は広々とした芝生の斜面をころげまわって走る。余程うれしいらしい。過疎化だから人はほとんどいない。見晴らしの真正面は六連島（むつれじま）。先日のテレビは、人口二〇〇、花の栽培が盛ん、と。冬のやわらかな陽射しをあびて、ごろんとしていると、息をしている世界が違うようだ。

犬の散歩をいいことに、用事がなければ入れないような路地や小道を、どこまでも歩く。かつての漁村の家並みがそっくり残っていて、その路地はほとんど迷路。

いつの間にか、大通りに出ている。これを人は、幼児期をくぐり抜けたような感じ、とでも言うのだろうか。ともかく、ブリューゲルのどんちゃん騒ぎとメルヘンの世界はあっという間。――今はまだ一月の末なのに、もう二か月も休みなしに働いている気分」

（本著一七一頁）


念のために、と思って「彦島」の観光案内欄を調べてみました。「判官びいきの優しさが残る、平家最後の砦の地」とタイトルがあって、本文は以下の通りです。

「壇之浦で滅んだ平家が最後の砦とした地『彦島』。沖に浮かぶ『船島』に小次郎の流派をとって『巌流島』と呼び始めたのも、この島の人たちかもしれません。敗者の哀しみを癒すように、夕日が優しく海を染め上げます」

鎌田さんの「うちの」奥さんは、この彦島が故郷です。ぼくが伝え聞いたところによると、彼女が初めて鎌田さんと会ったとき、彼はすでに逃亡者だったそうです。全国に指名手配され潜行中であった鎌田さんと知り合ってから今日にいたるまで、他人には知り得ぬ紆余曲折はあったと思いますが、新潟刑務所での服役中など若干のブランクを除き、ほとんどの期間苦楽をともにし、一緒に過ごしてきたということは驚異にあたいするのではないでしょうか。

先に引用した「彦島」の観光案内にある「判官びいきの優しさ」「敗者の哀しみを癒すように、夕日が優しく海を染め上げます」を地でゆくような、そういう歴史を生き、つないできた「彦島」という土地が奥さんの故郷だと知ったとき、傍目には奇跡的にみえるお二人の人生ですが、実は奇跡でもなんでもなくて、なるべくしてそうなってきた、奥さんご本人にとっては、ひょっとしたら当たり前の道行きだったのかもしれない――そんな思いを抱いたことでした。

六　孤軍奮闘の歳月

二〇〇八年の正月をまたぐあたりの心境を報告した『そうぼう』の文章があります。じりっじりっと後退を余儀なくされつつある苦境がうかがわれて、つらいものがあります。

「継続は力だが負担でもある。負担の重さに耐えかねてとまでは暗くはないが、要は気の持ちようなのであろう。

仕事納めの日、うちの諸君に、来年もよろしくお願いします、そして年明けの初日、今年もお願いします、と言われてしまった。モノ言う口あったのかとまでは言わないけれど、初めてぼくに心を開いたんだろうという気がして、あと少しやってみようか、閉めるにしても彼らの身の立つ終わりを、と思い直して——。甘いのだろうが」（本著一三六頁）

後退戦をしのぎながら「うちの諸君」の「身の立つ終わり」をと、やめ時を探っています。ちゃんとしてやらねば、との彼の思いには、命懸けというしかないほどのものがありました。責任とか義務感とか、その種のものではない、その思いの力が、あたかも彼の命と同体化しているか、のような。

同二〇〇八年の暮の文章です。

「実際この業界も疲弊してきました。ついこの前まではスクラップの高騰で有卦に入り

（幸運に巡り会い）、あれこれ投資して買い込んでいたのが、ここに来てスクラップ買い取りがピークの一割となって身動きできなくなってきた同業者がでてきています。ぼくは買い込むお金がないので、古い重機と買ったばかりのトラックを売って当座をしのぎ、次には敷き鉄板を処分しようと時期を見ていたら暴落。ぼくも他人の事は言えません。

いま持っているのが三割になって、負債はそのままなのだから、当分の間はひっそり暮らすことになります」（本著一七六頁）

きついのは商売にとどまりません。『そうぼう』の同じ号は、愛娘ルナの死を伝えているのでした。

「ルナは七月七日、一三歳と六か月でした。

特異体質と心臓肥大を抱え病院通いは欠かせなかったけれど、陽気で力持ちと病院でも言われ、みんなに愛され可愛がられた自慢の子。二年前、突然眼が見えなくなり、そして乳がんの手術を受けたけれど、陽気さ心優しさは変わらなかった。がんは転移していたのだったが。それに今年になってインシュリンを打たねばならなくなり、体力が落ち

てきていた。亡くなる一週間前からは日帰り入院で点滴を受けるようになっていたが、こんなに早いとは――。
最後の朝も病室にシッポを振って入って行ったのだった。
お骨は隣りの公園の見える出窓のそば、静物のお供えに囲まれている」（本著一七七頁）

ぼくも今年の五月一四日、可愛がってきた猫の「ニー子」に死なれて、堪え難い思いをしました。ぼく自身が体験したことですから、鎌田さんがどれだけ堪えたか、身に沁みて感じることができます。ルナの死を伝える彼の文章はわずかに一〇行足らずです。それだけしか書けないということでしょう。彼の哀しみは文字通り――レトリックではなくて――筆舌に尽くせないということだと思います。

上記訃報のなかに、ルナに異変が起きたのは「一年前」とあります。ですから、すでに二〇〇六年のいつの頃からか、鎌田さんは死ぬ思いをされ、哀しみのなかを生き抜いてこられたことになります。運悪く仕事も、業界全体が思うに任せぬ状況に落ち込んでいたわけですし。二〇一〇年は三月発行の「編集後記」と六月発行のそれから、引用します。

やっとの思いで読むというか、重いし辛いしの、まず前者の文章から。

「先日の新聞記事に、ある著名な実業家の話として、なによりも退屈なのは朝起きて決断すべき事のない一日を送らねばならないこと、とありました。
決断するにも決断する仕事のない状態がずーっと続き、とくにこの一年は目の前の景色が変わるほどじりじりした毎日で、月末をどうにかやり過ごして息をしています」
（本著一七九頁）

後者はユーモラスに書いてあるけれど、彼の心中を思うと泣けてくるような内容です。

「おじちゃん、見に来て、生まれた、三・五キロ
君打つメールわれを走らす
夜の東名朝の山陽パトかわし
花咲き山緑立ち前さえぎるものなし
コンチネンタルはいて（コンチネンタルはドイツ製高性能タイヤ）
当然歓迎された。行くといつもそうだが、今回は格別。会いたさ見たさに寝ずに走りそのひたむきさに感激された。食はすすみ飲みに呑み、口もかろやか塩漬けアナリストは世界を語り……。

おじちゃん、抱くのは右、左、
抱いたあかんぼ、目をあいた
と姪よろこぶ
でもぼくはそこで、まったく覚えていないが、借金を申し込んだという。正座してお願いしますとやったらしい。しばらくたってからそれを知らされた。どんな返事だったか聞くのも恐いが、そこはよくしたもの果報者。
家にはお金はないが食住ならいつでも提供できる、安心して来てと言ってきた。
そして、お姉ちゃんとこそんなに苦しいん？とも。
一年前制度融資を申し込んで断られてから、身を削って生きてきた。
市場にはあふれるほど資金投入しているというが、われわれは市場ではなく地べた。資金は上に滞留し、下までは降りてこない。富める者はますます富むの時代だ。そんなアップアップしてた頃、仕事から離れ、歓迎され気持ちよく飲み、解放感にひたり、居場所を銀行と錯覚したのだろう」（本著一八〇頁）

もうあかんというところまで来ていても、音を上げない、投げ出さない。参ったとは決して言わない。それが鎌田さんなのだということを思い知ります。

上記「編集後記」からさらに三年が経った二〇一三年の三月、とことん追いつめられてなお書いているのは、どこまでもやり抜く、店仕舞いはしない、との意思表示でした。彼は来し方をふり返り、次のように述懐しています。

「成り行きでこの業界に入って二五年になる。入った頃の同業者で今も残っているのはほとんどいない。夢破れ挫折した人たちの話を聞くと、店仕舞いするには相応の活力気力がいるとのこと、それに見栄もあろうし、その日その日をやり過ごしているうちに……となるらしい。とすれば、まだ人の事にかまける余裕のあるうちに、となるのだけれど、ぼくは成り行きでここまで来たのだから、行くところまでの方が身の丈にあっている。継続は力を信じて」（本著一八三頁）

「成り行きでここまで来たのだから、行くところまで」というと、いかにも成り行き任せで他力本願的に聞こえるかもしれません。しかし、もし仮に「成り行きでここまで来たのだから、成り行きで行くところまで行く、たとえどうなろうとどこまでも行く」となると、もはや成り行きに身を任せるというような安直な心境ではないと思うのです。行くところまで行く、との鎌田さんの決断は、始まりは成り行きであったものを新たに自らの意志でもって選択した、ということを示唆しているのだ、とぼくには思われます。

　彼は無言のうちにも、こう語っていたのではないでしょうか。自分は決して成り行きに流されてここまで来たのではない、自からの成り行きを自から選び直してやってきたのだ、と。たとえ頑固とか強情とかそのほか何と言われようと、そうやって意志的に選択してきた人生だったから、なんとかしのいで来れたのだと思う、と。それが、自分に似つかわしい、自分なりに無理なく納得できる人生だったのだと思う、と。

　鎌田さんに対するぼくのこのような印象は、いったいどこから出て来たのか、その出どころとなる彼自身の文章を以下に示します。


「先日、死刑廃止の集会に徐勝さんが来られたので聞きに行った。兄が無期・弟が七年、と刑期はぼくら兄弟と同じだが、ぼくは七年余りの獄中生活で『韓国からの通信』だけはいつも正座して読んでいた。とくに真冬にそれを手にすると、いくら矯正不能の不良囚人でも正しい獄中生活が送れそうな気になって勇気がわいてきた。

その徐さんは過酷な獄中体験を次のように話された。

イデオロギーや理論といったものは、どんなにそれが他より優越した綿密なものであろうとも拷問の前では一瞬のうちに瓦解する、よりどころとなるのは、その人のもって生まれた性向――たとえば弟の俊植のばあいは『偏屈さ』だった。それが彼の最低限守るべきものとしての非転向を支えた、と。ほかにも力強い発言に満員の紀伊國屋ホールから盛んな拍手が送られたが、ぼくにはそれが印象に残ったお話だった」（本著一一八頁）

これは一九九一年の冒頭に発行された『そうぼう』一二三号の文章です。ここに語られている、徐俊植さんの「偏屈さ」に対する熱い共感。そこには、鎌田さんの不屈の獄中闘争を支えた精神にも通ずるものがあったのではないでしょうか。逆境に決して屈しない彼の生き方を見ていて、ふと上記のエピソードを想い起こした次第です。

七　癌闘病の壮絶

鎌田さんは二〇一三年の八月二日、九月六日、一一月三〇日、の日付で「報告」と題する癌闘病記を書いています。亡くなったのが翌二〇一四年の一二月九日ですから、これらはおよそ一年余り前の闘病の記録です。　もちろん、その壮絶を極めたであろう闘いのすべてが書いてあるわけではないと思います。むしろほとんどのことを書かないままにすると、決するところがあったのではないでしょうか。字を書くこと自体、肉体的にも精神的にも困難であったであろうことは容易に察せられますし、それとやはり、自分独りで立ち向かうしかない闘いであることを、彼は十分に承知していたに違いないからです。

でも、やはり伝えなければとの、『そうぼう』の読者への思いもあって、それが切れ切れの報告のかたちをとって遺されているのではないか、と察せられます。

ぼくとしては、それら報告書のなかから順を追っていくつかの文章を示すこと、それ以上のことはできそうにありません。引用は以下の通りです。

■報告（一）　八月二日

「五月のはじめから便秘が続いて、それに肋骨のあたりが痛くなり、いつもの病院に行ったら、便秘が一〇日も続くようなら異常なので早めに大きな病院で検査を受けるように言われ、その頃はもう二週間位になっていたでしょうか、それで五月末、近くの病院で症状を話すと、連日のように検査になりました。

六月四日大腸内視鏡検査、ポリープが大きすぎてカメラが入らず、六月一一日受診して

結果を聞くように言われ、その日行くと「大腸癌ステージⅣ」と言われました」（本著一八七頁）

「七月二日は二〇センチくらい切除しました。

その他、転移性肝癌、肺腫瘍、脳腫瘍があります。肝臓は癌が大きすぎるのと進行性のため、今のところ抗癌剤による治療しかありません。抗癌剤が効いて切除できるまで小さくなって手術となるのでしょうが、確率は半々でしょう。

脳腫瘍は七月二九日船橋でガンマナイフという治療を終えました。この効果は一年くらい様子見で、月に一度検査に行くことになります。肺腫瘍は現状ではそのままのほうがいいだろうとの判断です」（本著一八六頁）

「六月から滅多にないことに仕事が忙しく、それに八月決算もあり、寝てる場合ではないけれど、負債を残していくわけにはいきません。

実際もう少しあると思っていたけれど、たいして残っていません。これだと死ぬまで働くことになるでしょう。

うちの者たちには体調不良とか、検査入院とか言って今までどおりにしていますが、二〇日間近くも入院していたから変とは思っているかもしれません。別に言ったところ

でどうなることでもないし、それは他の人にでもそうです」（本著一八八頁）

「いま痛み止めの薬は、ロキソニン、コンチン、モルヒネ（弱めの）の三種類を症状に合わせて服用しています。この痛み止めが便秘のもと、それのコントロールがわからず入院中一回、退院してからの二回、苦しみました。トイレをぼく一人で占有していたのです。（中略）今日は給料日でした。午後から体調がいいので急にお給料にしたのです」

（本著一八九頁）

■報告（二）　九月六日

「長いあいだ連絡せずにいて申し訳ない。しばらくは二週間おきに抗癌剤の投与があり、明日から五日間入院しての三回目の投与、二回目は外来でした」（本著一九〇頁）

「脳腫瘍は先日のMRI検査でほとんど消えかかっているのが判明。これで急変の可能性はひとつ消えました。

抗癌剤は副作用がきついと言われ、たしかにそうだけれどぼくの場合、先月、八月は半月くらいは外出できました。というのも毎日三回大量の飲み薬があって、抗癌剤投与後の一週間は、起きている時間で食事以外はほとんどトイレという日もあったのです。別にうちのに邪険にされ居場所がなくミステリーを読むために閉じこもったのではありません。新聞もテレビも、いや電話に出るのさえ、といった状態」（本著一九二頁）

「もう人には知らせないで下さい。ぼくは今までもほとんど交流はしていないのです。聞いたり知らされたりしたら、人は何らかの対応を迫られましょう。その人だってどういう事情にあるのか、ぼくはそのほとんどの人を知りません。別に、ぼくの方で応対するのが嫌とか面倒とかそればかりではないのです」（本著一九四頁）

「決算が終わったら面会に行きます。来月早めの、天気のいいドライブ日和のつづく頃。今期は少し利益出したかな。」（本著一九五頁）

■報告（三）　一一月三〇日

「柳下さんの出している『北冬』に『ひとりで悩んでないでわたしたちに話してみませんか』話すものか。

というのがあり、これほど固くはないけれど近い感じでしょう」（本著一九七頁）

「先日公庫から金借りてと頼まれ、迷わず借りた。
身辺整理どころではなくなりました」（本著一九八頁）

＊

死の予感のなかで決して諦めない鎌田さんです。しかし、いかに鎌田さんでも不死身とはちがうからなぁ！　と大きく吸うた息を吐きだすしかありません。

このあとに、ほんとうは最後の一篇「無題」が続きます。これについてはしかし、すでに解題の「はじめに」で触れました。再論しません。

八　全共闘不良派

鎌田さんは「全共闘」について、あるいはその「世代」とか「時代」について、あまり多くを語っていません。語るとは、このばあい「論」にならざるをえない、あるいは「論」になりかねない危険があるのであって、あえてこの危険をおかすことの愚を避けたい——彼はそんなふうに直観していたのではないでしょうか。その数少ない言及のなかで、おおっ！と目を見開かれる思いのする文章があります。それをまず紹介します。

「全共闘とかいわれる人たちがあの当時のことを書いたものを読んで、まったく面白いと思わないのは、『自己否定』と『造反有理』のしがらみから脱け切れないからでしょう。ぼくがそれを、まったくナンセンスな観念過剰のスローガンと思っていたのは、『少年期』の前半から不良と言われ続け、その延長で『青年期』をむかえた時期に、あの全共闘運動に出会ったからでしょう」（本著二〇三頁）

上記の冒頭において彼は、「全共闘〝とかいわれる〟人たち」と書き、同じ号の、もう少しあとのところでは、彼らのことを「恥知らずで、無節操で、ゴーマンで自己中心的で……」と書いています。これらの言葉は、暗黙のうちに問うています。

目一杯肯定されてきた人間が自己を否定するなんて、どのようにすればできるのか、と。できるとしても、あらかじめ「プラスの価値」で構築された大学空間のなかでの、その「プラスの価値」を侵さない限りでの「自己の否定」であり、「造反の道理」であるにとどまるのではないのか、と。であるとすれば、身の程をわきまえた物言いがあって然るべきではないのか、と。

　まだ言い足りない風がうかがわれます。がまんできなかったのは、ひとことで言うと「観念」過剰ということでしょう。

　口先で言うだけなら何とでも言えるし、紙の上なら何とでも書けます。全共闘の言う「自己否定」とか「造反有理」など、「正義の闘争」というのは、所詮、その程度のことではなかったか――鎌田さんは当時から、このように問い続けていたのではないでしょうか。

　そうして、このように問う鎌田さんであるからこそ、すでに紹介したように、高橋和巳とのあいだに彼我の違いを認め、「ぼくたちのは紙の上での戦争でしたから」と述懐しないではおれなかったのでしょう。

「紙の上の戦争」とは、別言すれば「観念の戦争」のことです。

　その範囲を越えて出ない、という〝しばり〟のもとで、全共闘は――ほんの一時期――時代の空気（気分）となることを許容されたのでした。

　反権力闘争とか反体制運動などとうたいながら、実は〝官許の空気〟のなかにあって、そのことに必ずしも自覚がなかったのではないでしょうか。

誰かが意図的に空気を入れて膨らませた〝紙風船〟が空を飛び交います。まるで空中を舞うように浮いている、そういう光景が目に浮かびます。

風船を打ち上げて遊んでいるのは、どこのどいつか。

鎌田さんは、そしてぼくも、風船のなかの空気でしかないなんて、まっぴらご免でした。「全共闘世代」として一括りにして紙風船の中に閉じ込められ、もてあそばれるなんて、もってのほかでした。

「全共闘世代」といった言葉が「一人歩き」するなか、その言葉に対して敏感に反応する感受性は存在しないも同然でした。

しかし鎌田さんは、少し違っていたかもしれません。その、官許の・多数派の・全共闘の〝空気〟というものに気づいていたかもしれません。その一員に数えられるのは、いささか居心地がよくなかったかもしれません。

彼が全共闘多数派との違いを微妙に感じていたのは、なぜか。少年の頃より不良だったからだ、というのが彼の答えでした。

不良というものは、そもそも、その存在を意識しないで済む空気のなかを生きているわけではありません。世間という強い風圧のもとにさらされ、その空気を耐えてしのいで生きているのが、不良です。多数派として群れをなすのは似合いません。孤立とまでは言わないにしても、最低限「一人である」のがその生き方です。

不良はそもそも、秩序の和をはみだした時点で他によって否定されています。「自己否定」などとわざわざ言挙げして言わなくても、自分はすでに否定されています。

もともと反抗的で破壊的な不良を信条としてきた人間にとって、全共闘主流派の合言葉「自己否定・造反有理」は、嘘くさいというか、かたはらいたいというか、そういう感じだったのではないでしょうか。食いっぱぐれのないエリートの分際で、何をぬかすか、と。

「かたはらいたい」とは、自身がたいした人間でないことを知っている者の目から見ると、エリート大学の全共闘の人たちが「自己批判」とか「造反有理」などと偉ぶった言動をしたり態度を示したりするのが何とも滑稽で、見ていられない感じだ、ということだと思います。

彼に死なれてしまった今からすると、すでに晩年に当たると思うのですが、二〇一〇年三月の文章に、こういうくだりがあります。


「久しぶりにある集まりに出ると、そこでは初めから終わりまで、自己紹介。告白すべき自己を持っている人には居心地がいいのだろう、あの雰囲気が」（本著一七九頁）

鎌田さんはもちろん自己を、それも強烈な自己を持っています。しかし、「告白すべき自己」

は持ち合わせていない、と言いたかったのではないでしょうか。

だって、告白して他人に聞いてもらえる自己とは、いわゆる「あの時代」の空気をともに呼吸し、「多数派の正義」を共有したことが前提になっている、そのもとでの〝自己〟なのでしょうから。そういうふうに時代の流れに流され、あるいは世代の空気に呑まれていながら、そのような自分自身にまるで無自覚な人であるからこそ、過去のなかの自分を自慢げに〝告白〟することができるのではないでしょうか。

しかし、鎌田さんは違いました。青年期に差しかかったとはいえ、不良少年の自分をしっかり抱いていました。その〝少年の心〟があったればこそ、彼は時代に抵抗し、戦ったのに違いありません。そして彼は、ひょっとしたら心中秘かに直観していたのではないでしょうか。全共闘の闘いは、ほんとうは「不良」の闘いでなければ辻褄が合わなかったのではないか、と。そして彼を彼たらしめたものは、究竟するところ「不良の精神」に尽きる。それが、ぼくがたどりついた鎌田克己像です。鎌田さんは「一人一党」「全共闘不良派」の活動家だったのだと思います。

そのように考えてはじめて、「大揮建設工業株式会社」の彼を理解することができるのではないでしょうか。彼はたとえば口癖のように、自虐半分にテレながら「虚栄とハッタリ」と言います。しかしそれは、ある意味、世間の多数派の方々から見たときに、そのように見えるであろうことをおもんばかって言っているだけの話であって、鎌田社長と「うちの諸君」との間では、虚栄もハッタリも、人生をしのいで生きていくうえでの、言わば〝枕詞〟みたいなものだったと思うのです。

ただ同時に、このフレーズは微妙な問題を示唆しているかもしれません。

すなわち、いかに枕詞とは言え、「虚栄とハッタリ」を間に噛ました人間関係のもとでは、生のまま・素のままの自分の在り方は許されなかったのではないか、ということです。

そのあたりのことを示唆してのことでしょうか、彼はこう書いています。

「あまり後ろを振り向くことのない人生を送っているつもりでも、リーマン・ショック以降は身の不運を噛みしめるべく、人とは会わず話さずひたすら目の前の現実をしのぐのに追われています」（本著一七八頁）

また、癌との戦いのなかで呟いています。

「もう人には知らせないで下さい、ぼくは今までもほとんど交流はしていないのです」
（本著一九四頁）

と。

「後ろを振り向くことのない人生」「人とは会わず話さず」「もう人には知らせないで」と書いています。

過去の延長線上に・過去を引きずりながらズルズルと生きることはしない、過去を区切ることによってそのときの自分を保存し・そのときの自分とともに生きる――この方法を身につけることができれば、今現在の自分とともに・今現在の自分のなかで、つねに過去の自分を生きることができるのではないか、と。

そうやって独りであることを選んで生きることが、「うちの諸君」とともに目の前の現実をしのいでいくことなのではないか、それが自分の生きる道なのではないか、と。

*

あと少し補っておきたいことがあります。これまで長々と書いてきたのは、鎌田さんが何をどう考え、どのように生きてこられたか、その出来事・行動・考えなどについて、でした。

そういう性質のぼくの文章ではありましたが、読者の方々は、この拙いぼくの文章のそこここに、鎌田さんがどういう人であったか、そのお人柄みたいなものを感じてくださったのではないでしょうか。ただ、ぼくとしては最後に、彼に関するエピソードめいたものを紹介して、彼のお人柄を偲んでほしいのです。

鎌田さんは自身の死の二〇年前に、こんな文章を書いています。

「先日、大江健三郎さんの講演を聴きにサントリーホールに行きました。メインは光さんのコンサートでしたが、満員の会場で、ぼくは前から三番目正面席、招待客のようです。（中略）コンサートの最後に、客席でお母さんと一緒に聴いていた光さんは、拍手のなか、ステージに上がりました。
『今日は、ぼくの曲をたくさん聴いていただきありがとうございました』
花束が両手にかかえきれないほど手渡されます。何度もおじぎして、また大きな拍手のなか退場して行きました。ぼくは『聖なる人』を感じたのでした。とってもいい講演とコンサートだったですよ」（本著二〇五頁）

ルナの訃報を伝えた二〇〇八年『そうぼう』一四九号のなかの、それとは別の文章です。

「先日、山田泉さんの映画『ご縁玉』の試写会に行ってきました。TVでこの三月放映された最後のシーンは、こたつの中に倒れるように横になって『限界』を口にされたのでした。映画は、パリで出会ったチェリストが大分に来られ再会をはたし、山田さんがかかわってきた施設でチェロを演奏する。施設の子供たちへの眼差しがなんとも暖かい奏者でした。映画が始まる前、監督が挨拶されました。山田さんもこの場に来たかったのだけれども、と、でも今ホスピスに入院されていることを話したら言葉に詰まって——。あれから一〇日後でした。新聞記事で知ったのは」（本著一七七頁）

金策・孤軍奮闘中の文章、この時はすでにルナ亡き後ですから、寂しさは隠せません。

「結婚した人も子どもを持った人も今までと変わらずぼくと遊んでほしい、あなたたちの未来にぼくはひりひりしながらもついていくよ。姪っ子のあっちゃん、ゴッドファーザーになれずごめん、でも二人目のときは大丈夫だよ、ファミリー愛は誰にも負けないから。」（本著一七九頁）

「［家を抵当に入れての借金の］返済は五年だが、五年後の自身を想像できますか？

ぼくは——猫と遊んでいるよ。
迷い猫甘え上手にじゃれまとい
ブラシせよと横になる
冬は寒かろうと車庫にハウスを作ってあげた。泥足でボンネットに乗り暖をとっていても、頭なでてあげた。エサがなくなったら、それがお前の惚れたメス猫、相手にされない丸々太ったメス猫が食うためとわかっていてもあげた」（本著一八一頁）

何度も指摘しましたが、鎌田さんはとっても照れ屋さんでしたし、「韜晦の人」でもありました。だからでしょう、自分のことをワルぶって「多重人格」だなんて、わけのわからぬことを書いていたりもするのは。

一見するとそうなのですが、最後に引用した幾つかの文章に見られるように、彼は実にやわらかな心をもった、まっ直ぐな人だったと思います。

自分に対して正直でありたい、どこまでも自分自身でありたい、そういう願いをもち続けて生きた人――それが鎌田克己という人だったと思います。

鎌田さん、ありがとう。

そしてさようなら。

だけど、いつまでもぼくたちの記憶のなかに止まり、生き続けてくださいね。

第一章　入った・見た・分かった「塀の中」

一　号令社会・軍隊式行進

六月十七日の裁判は、四人もの受刑者が死亡した当時の保安課長補佐が証人であった。保安課長補佐とは別名次長ともいい、また看守長ともいって、あの警備隊を統括し、刑務所の管理・運営秩序維持をその職責としている。

したがって、受刑者に対しては威圧的であり、〔受刑者は〕平看守に対してのようにはお話もできないのである。

もっとも、彼らが通る時、顔を上げようものなら「取調べ」の対象になるのであるから、身近な存在でないのは当然だ。

お話したいときは、あらかじめ「面接願箋」を提出し、取調室に行って、はじめてそれが可能なのである。

だが、取調室に行くにはただ歩いていくのではない。

そんな「牧歌的な散歩」は八四年四月で終わった〔東京拘置所・未決囚服役終了〕。

三、四分のところを、号令に足を合わせ、ひざが直角になるまで上げて、手は肩の高さに振り歩くのである。

止まるときは、十分足踏みをして号令通りピタリと決めねばならない。その際、自分で「イチ、ニッ」と声を出して止まるのである。そうして取調室に入るのだが、この取調室に入るにもいくつか号令があり、入ったら番号、氏名を唱え、正しくお辞儀して、ようやく口をきくことができる。

したがって、号令社会になじめぬ受刑者にとっては、面接にたどりつくまでのプレッシャーはかなりのものであり、「面接」とはいっても、大体それは立ったまま行われるのである。

そうであるから、保安課長補佐に対してはある種〔敬して遠ざけるような皮肉まじりの〕〝国宝観念〟が出来上がっていたが、証言席に座った保安課長補佐は普通一般の年相応の男であった。私服の課長補佐はどこかオドオドし、塀の中での威厳をなくしていた。制服は偉大であるが、制服を脱げばタダの人、であったのである。

この裁判では、面会拒否・独居拘禁・懲罰・抹消等の損害賠償を請求しているが、件の証人はその大半において当事者であった。

今回は反対尋問の時間が少なく、主に独居拘禁に付した理由について追及した。

その証言を要約すれば、原告は反権力意識を払拭できず、当局の処遇に反抗的で、外部に誇張し歪曲した内容の手紙を発信していたので、原告を集団処遇＝工場出役にしておくと他

花輪和一『刑務所の中』(©青林工藝舎)

の受刑者に悪影響を及ぼし、刑務所の管理運営に支障をきたす。

　その悪影響の具体的例として、原告のいた工場だけでも、約半数もの受刑者が死亡事件の説明を求めて面接願箋を提出した。

　それは管理部長が、（死亡事件説明ではなく）工場閉鎖・作業時間短縮等異例の措置をとった感冒対策について説明した際、原告が他の受刑者の面前で管理部長に対し、煽動的挑発的な質問を繰り返したからである――、というものである。

　当時ぼくは累進処遇二級、作業等工二等工、それに二年無事故の優良受刑者であった。その成績優秀性は前年度公費通信教育を受講させてもらったことに顕著である。

三〇数人の応募で二人だけしか受講できなかったのである。それだけでも［ぼくは］他の受刑者の鑑とはなっても悪影響を及ぼすことのないのは明らかだ。だいたい、刑務所で二年もの期間、無事故無違反など並大抵の精進で成し遂げられるものではない。

自分だけが成績をあげようとすれば、足を引っ張られるのである。必然的に成績優秀は他の受刑者の更生の貢献を伴わざるを得ない。

要するに、優良受刑者は他の受刑者に好影響しか与えないのだ。当局のいう悪影響とは、ぼくが他の受刑者を扇動し、当局の処遇に不満を抱かせ反抗させようとしていた、というものであって、しかし、それはぼくの関知しないことである。

四人もの受刑者がわずか六日間で死亡し、当局が死亡した事実さえ明らかにしないのなら、不安を抱き説明を求めようとするのは当り前のことであり、面接願箋の提出は受刑者に唯一許されたささやかなお願い事なのだ。

また、いわゆるマル公［公安関係者の通称］受刑者が他の受刑者に、当局のいう「悪影響を及ぼす恐れ」など現実的にも具体的にも存在しないのは、工場内の受刑者の力関係を熟知している当局には自明である。あえていえば、いわゆるマル公受刑者には、どこの工場においても影響力など残念ながらさほどない。

当局の絶対的権力支配のもとでの強制労働工場は、塀の中特有の「組社会」の価値観が圧倒的であり、当局はその組社会の力の均衡でもってそれを操り、秩序維持に努めているのである。要するに、その力の均衡に関与し、その「組社会」の価値観をとり込む余地はほとんどない、ということである。

それだけ異質な部分に対しては当局の隔離分断が徹底しているということである。

次回の公判は、間をおいて九月三〇日となった。その日は原告側の反対尋問である。保安課長補佐の数多くのウソの証言が鋭く追及されることになろう。

（『そうぼう』創刊号、一九八八年七月二七日）

二　骨身にこたえた懲罰の濫発

六月二日は、前回に引き続き当時の保安課長・安倍に対する不正物品保持の懲罰事件に係る尋問だった。

この事件は、八四年、真夏日が二五日間続いた七月末から八月にかけ、刑務所では異例なことに約一ヵ月も病舎で休養させられ、このまま寝て過ごすのも悪くないと思ってた矢先、処遇上独居拘禁を告知されたことからはじまった。

独居拘禁ならフェンスもなく、処遇も比較的ゆるやかな四階とばかり思い込んで仕度していたら、連行されたのは懲罰用の建物・南舎であった。だいたい、そこに放り込まれると皆さん意気消沈するらしい。

ぼくもその例にもれず、薄暗い舎房に入れられ、背後の鉄扉を音をたてて閉じられると窓からわずかにのぞく空をみつめ、しばし放心していた。

しばらくして呼び出しがかかったときは、理不尽な処遇に怒りで燃えていた。呼び出しの理由は、物品カードに記載されていない定規がある、とのことであった。

一年以上も前から使用し、工場担当の判を押した紙片が貼ってる定規を、不正に入手し、所持していた、と決めつけ一〇日間の懲罰にしたのである。

しかし、法廷証言によれば、ぼくの懲罰理由は、物品カードに記載のない定規を所持していたことがその根拠になっている。

ぼくの主張は、約一年前計算夫に定規の購入について聞いたら、その日の夕方、工場担当の許可印の貼られた定規が舎房袋に入っていたので、担当が許可したものと思っていた。物品カードへの記載もれは単に忘れていたにすぎない、他にも二・三記載もれがあったが、それについては懲罰は受けていないのだから、処分は不当である、と。

その懲罰も、ぼくが不正に入手したといいながら、担当の印鑑がついた紙片をどのようにして入手し、定規に貼ったのか？　その入手経路は不問のままで、ぼくが物品カードに記載されていない定規を所持していた、という「事実」を認めただけで、懲罰審査会は違反行為と認定したのである。

そして原告側の追及には、「所持」が違反行為との認識がなくとも、あるいはその定規が現に担当から計算夫に渡されたものであったとしても、「事実」を認めたのだから違犯行為になる、という。

この事件は当局にも実際のところはわからないのである。ぼくの主張もその通りかもしれないし、だけど、もしそうだとしても、ぼくが記載してもらわなかったのが悪い、という。

証人に言わせると、どうしてぼくがそういう行為をしたのかさっぱりわからない、しかし「疑わしきは罰せず」は刑務所では通用しない、のだそうである。

ぼくが懲罰審査会で起訴事実を認めた、というが、それには不正に入手した、とも不正に所持したとも書かれていない。

そもそも懲罰審査会などトコロテン式である。所要時間は長くとも七・八分くらいのもの、普通五分とかからない。

審査会室に入る前に、入口で号令のもと足踏みをさせられ、入る時は大声で称呼番号・氏名をとなえ、最敬礼して、足型の書いてあるところまでの五・六歩を、足高くあげ、腕を肩の高さに振り、歩く。そして号令のもと最敬礼して椅子に座る。座り方は背もたれに寄り掛かってはならず、背筋を伸ばし、ひざをくっつけ両手はひざの上の置き、かしこまっていなければならぬ。

目の前すぐに裁判官役の管理部長がいて、両側は一メートル足らずに連中の机がせり出て、警備隊がその背後に控えている、物々しいなか区長が起訴事実を早口で読み上げるのだ。緊張していると何を言っているのかわからない。読み上げが終わると保安課長が起訴事実に間違いないかと聞き、教育課長が現在の心境を聞き、管理部長が一言しゃべって号令とともに退出させられる。

こんな「裁判」で懲罰を濫発するのだから、される方はたまったものでない。

ぼく自身も二級から三級に降下され面会・発信が月四回から月二回に、お給金は半減、それに二級の無事故二年でようやく手にした厚い布団・毛布までペラペラのになったのである。

南舎での独居拘禁につづき、懲罰は骨身にこたえた。どうやらそれ以来、ぼくの性格が変化をきたしたらしい。性格が悪くなったとも、落着きがなくなったともいう。そしてこれは、裁判に勝たねば治らないとか。

次回はもうひとつの懲罰、弁護士との面会拒否、信書抹消、裸体検身、と盛り沢山。保安課長安倍はもう勘弁してくれというし、検事は長すぎると異議を申し立てたので、かけ足になるかもしれぬ。

裁判は番外編もあったりして面白くなってきた。

変わらぬ支援と注目を！

（『そうぼう』八号、一九八九年六月二五日）

三　ひょっとして勝つかも？

勝利といえば、ぼくの裁判、国賠・新潟刑務所との闘いは、ひょっとして（勝利が）こちらにころげ込むかもしれないですよ、一〇月末の裁判の前予想は。

これで結審だったのです。というのは、原告側の内部文書提出命令の申立に対し、裁判所は却下したからです。

その内部文書とは、ぼくへの独居拘禁の更新の際、更新理由を「処遇上独居拘禁について要継続」とし、たったこの文書だけで、一七回もの更新を行ったことに対し、この文章だけでは理由になっていないので、更新決定の審査会上で何らかの文書が作成されたはず、その文書をもとに被告団側は、書証を提出しているのだから、結論的な文言を羅列した（処遇上独居拘禁について要継続）書証ではなく、そのもとになった文書を提出せよ、という申立だったのでした。

ところが却下した裁判長は、公判の場で、被告団側に対し、根源的かつ法律的手続上のことを質問しました。

厳正独居処分中に懲罰を執行した場合、その厳正独居処分という処遇は継続しているのか、あるいは終了しているのか、もし国側提出の書証のとおり懲罰の執行とともにそれは終了し、懲罰執行終了とともに厳正独居処分の処遇がはじまるのであれば、その手続上の法的根拠は何か、内部通達であれば、それは適法か、と。

被告国側は回答に詰ってしまいました。当然です。一審の時から更新の開始日、懲罰の執行開始日等、わかり切ったことでさえ、被告国側は整理せず、この裁判に臨み、主張が二転三転していたのです。

とうとう二審になって、表現力がともなわなくなり、図式化してきました。それも日付を間違えてたりして、結局、次回は文書作成人の課長補佐が証人で出てくることになったのです。被告国側は抵抗しましたが、ことの均衡上、ぼくの証人出廷も考えられ、事態は混沌としてきたのです。

四　高裁判決公判、クリクリ坊主で臨みます

今回も最後のドタン場まで原稿を延ばしてしまった。陳謝の気持ちを形であらわさねばと、クリクリの丸坊主にして今日は七月八日（金）、仕事を休んでこれを書いているのです。

夜になると意思が弱いから原稿書きどころではないのです。「わかってください。ねぇあなた〜♪」

ぼくも満更でもないでしょう。出所して一週間たった頃でしょうか。あるクラブに連れて行ってもらい、「カラオケ」なるものをはじめてみたのです。ボックスに腰をおろしたときから店内のすみの方にあるテレビらしきものが気になってはいたのですが……。友人が歌いはじめたら、なんと、そのテレビにそれらしき画面がうつり歌詞まで出てきて……。

このカルチャーショックは、ぼくにとって莫大なものがありました。テレホンカード、ポケベル、ビデオなどというものにも驚かされたけれど、「カラオケ」の比ではありません。

これをマスターせねば店の女の子にモテないのだろうかと、出てきたばかりのぼくは、純にも急に七年間の空白の重みをかみしめたものでありました。

そのショックから立ち直れたのも、この一年余りのことでしょう。社会復帰は徐々に、しかも確実に進行しているのですよ。でも、車庫入れだけはまだ［妻の］妙子さんにやってもらっています。

ところで、五月の結審から二ヶ月が過ぎ、判決は七月二一日。あと二週間もないですね。提訴が八六年四月。一審判決が九一年八月ですからもう七年ですよ。出所してからでも五年半が経っているとは……、
今風に「しんじられない〜」と。

公判期日が近づくたびに、独居拘禁の疑似追体験とばかり、故障中の家庭用サウナボックスに入り、日常の雑念を追いはらい、法廷に臨む気構え、心構えと、構え・型から入っていた三〇数回の日々がなつかしいですね。

もう世俗にまみれた世間のしがらみとは別の、元受刑者としての自分を振り返る機会・ゆとりは、しばらくの間ないのではと、寂しい気もするのです。だからこそクリクリの丸坊主にしたのです。なんといっても塀の中は、純粋培養の世界ですからね。

当然、そこでの生活が、頭・心・体に刻印した体験は重く深く、そしてあとあとひきずる

ものがありますよ。肩書き＝レッテルからして、元受刑者というのもあるんですからね。

ところで、前回のぼくの証言は眠くはならなかったでしょう。ぼくとしても持ち前のサービス精神発揮の真価が問われてもいたのだから、日頃の虚栄とハッタリとは別世界の場面でありました。

傍聴席を居眠りさせず、被告団側にはダメージを与え、わが弁護人の方々の要望をば満たし、裁判官には処遇の不当性・原判決の誤りを納得させ、そして原告本人のぼくをば、自己満足の境地に至らせるといった、まるで宮沢賢治の世界みたいな一時間半でありました。

ぼくの証言後は、皆さん夢心地のような気分にひたっていた。なんせ、勝利か否かは、証言席での涙の量で測られるといったプレッシャーもあったのですから。

一審の時とくらべたら、かなりの進歩、演技派であったでしょう。出所して間もなくの一審の時とは違い、客観的にかっての自分を語れたのが歳の功でしょうか。ヒトは、こうして熟成していくのです。

一審で勝利した弁護士接見拒否事件については国側が控訴したけれど、これは問題外として、敗けた厳正独居拘禁、二件の懲罰、それに裸体検身も、ひょっとして（勝利が）こっちにころげ込むかもしれません。

終了近く、裁判官が念入りに、その点をぼくに質問していたですからね。裏返せば、それだけぼくの処遇に疑問を抱き、関心を持たざるを得ない内容の事件であったということでしょうか。

判決当日は、勝っても敗けても勝利の打ち上げ、暑いからジョッキに入った飲料水がほしいですね。近くに用意しておきましょう。

それでは七月二一日、午後一時一五分、高裁八〇九号法廷

共に勝利をわかち合いましょう。

（『そうぼう』四五号、一九九三年七月一七日）

五　受刑者処遇をめぐる国家賠償請求訴訟・その判決

先日、七月二一日、対新潟刑務所の控訴審判決があった。

八六年提訴、九一年八月一審判決、九二年一月控訴審初公判と、それは人知れず続いていた。

一審判決

ここでは

(1)弁護士接見拒否
(2)厳正独居拘禁
(3)懲罰
イ　定規の所持
ロ　便箋の裏表紙へのメモ書き
(4)裸体検身
(5)文書の抹消

につき、(1)が勝利し二〇万円の賠償、他は全て敗けていた。

その勝利の内容は、被告・国側の主張である、ぼくが接見時、弁護士に訴訟の代理人依頼を正式にしていなかったから、弁護士が接見に来ても不許可にしたのは正当、とのそれを斥け、たとえ接見する以前に正式に代理人依頼がなくとも、手紙文の内容とその後、提訴に至った推移から、代理人依頼の意思は認められる、として、接見拒否は所長の裁量権を逸脱した違法行為としたのだった。

しかし、他の四件は、所長の裁量権をことごとく認め、すべてその範囲内とし、原告側の主張を認めなかった。

被告・国側も当然控訴した。
そこで二審では、原告側は
一　たとえ受刑者であろうと、裁判を受ける権利があり、
二　塀の中であろうと、治外法権化を許さず、受刑者は法の保護のもとにあらねばならぬと、法治と人権を前面に立てた。
そして、接見拒否で勝ったのに厳正独居をはじめその他が敗けたのはおかしい、諸悪の根源は刑務所側にあり、それを見過ごした一審判決は誤りである——というのも、全てのはじまりは、接見拒否から生じ、厳正独居・懲罰……と出所までその違法行為が続いたからである。接見拒否がなければ厳正独居もありえず、それに附随した懲罰もなかった、と、単純明解、論理的でさえあった。
もっとも、現実の主張はそれほど単純ではなく、多面的かつ全体的であったが、気分はまったくそうであった。

二審判決

ここで錯誤が生じていたかもしれぬ。机上の論理では、はかりしれない予測不能な出来事、それが生じるのが現実社会。時は、ソ連の崩壊から民族主義の勃興、内戦、と、恐怖で押さ

え込んでいた矛盾が、世界＝一国同時的に噴きだしていた。民族主義を止揚（なつかしくもあり、都合のいい言葉でもある）し、ナチスとの闘いに勝利した人民が、民族純化に向け殺し合いを演じ、それをどこも止められない、ちょうど、反乱する若者達を前に、六八年当時の大人たちが既成の価値観の崩壊になすすべもなく、手をこまねいていたのと同じことが生じていた。歴史は、本当にくり返す、としか言いようのない現実が。

そして、その錯誤だが、とりたてて結果を楽観していたのではなかった。ただ、勝利は水物、裁判長が何を考えているかを、当てっこするくらいの余裕は許されていた。それも民事の二審にもかかわらず証人を認めたり、被告・国側のあいまいな主張を整理させたりする訴訟指揮がどちらを向いてるか、はっきりしていたからである。

しかし、ほとんど詐欺師の世界でシノギを削り、どうにか生き延びているぼくではあるが、法衣に隠された腹の底までは見抜けなかった。相手の物腰、外見にまどわされてはいけないと、それは骨身にしみてはいたが、世界はこうあるべきだ、こうあらねば、と思い込みたい願望の前では……。ともかく、二審の内容には厳しいものがあった。

新聞は勝った部分しか報道していなかったから、その通り受け取った多くの人たちもいたと思う。

一審で唯一勝った(1)は敗け、(3)の口と(4)は勝っていた。

しかし、(1)の敗北は重大である。

受刑者の裁判を受ける権利をほぼ否定した内容であったから。

判決は、ぼくが弁護士に訴訟代理人として正式に依頼していなかったことと、受刑者の交通権は親族以外認められていないのだから、親族以外との接見は所長の裁量権の範囲内である、したがって、ぼくとの接見を拒否したのは、当時の状況からして違法ではないと。

簡単に言えばこんな内容であり、その意味するところは、たとえ、訴訟の打ち合わせであろうと、弁護士は親族外であるから、その接見の可否は所長の裁量権の範囲内であると。

被告・国側でさえ、これほど露骨な主張は控えていた。

彼等の主張は、

一　代理人として正式に依頼していないこと、

二　当時、死亡事件が発生し所内が動揺していた、したがって、原告に接見を許すと、不測の事態が生ずる恐れがあった、というささやかなそれであった。

もっとも、その他に、ぼくの反社会性や、矯正不能な性格を取り上げ、ぼくの人格権を侵害していたが、それは、人それぞれの見方でもあろうから、あえて反論も自己賛美もせず放っておくが、弁護士との接見を、監獄法でいうところの親族外の交通として律するとしたら、憲法違反は明らかである。

当然のことながら、裁判官は獄中受刑者の境遇などまったく分かっていないし、分かろうともしていない。

弁護士に対する訴訟代理人の正式な依頼というやつが、当局との間にどれほどの緊張関係を強い、手続上煩雑なことであるか。

弁護士と晴れて接見がかない、正式に依頼するため委任状を送るにあたり、その発信願いの際二回、発信のとき一回と呼び出しをくらっている。呼び出しというのは、願箋の文面ではなく、語句についてのケチつけで一方的に居丈高に怒鳴って、終われば号令とともに舎房に軍隊式行進で戻るという嫌がらせである。

委任状の発信、これひとつとっても妨害はあからさまであり、これが弁護士への発信のたび、提訴するまで続くのである。それを、弁護士との交通権、接見が認められていない状況で当局の主張するような正式な依頼などというものが可能か否か、分かりそうなものである。

これでは、受刑者が当局を訴えるには本人訴訟しかないが、治外法権化しつつある塀の中では、所長は、それを妨害することもいくらでも可能となる。

弁護士との接見を求めたのは、四人もの受刑者が相次いで死亡する事件が発生したのが発端であった。

一審は、受刑者が不安を感じ弁護士に相談を求めたのは自然の行為と認め、正式な依頼などにはほとんど考慮を払わなかった。それは、手紙文を総合的に判断すれば足りる、として。あたかもそれは刑務所当局の、ぼくの手紙文読解力の不足を指摘したごとくであった。

二審と比較すれば、この点は至極まっとうな判断であった。

……敗けたことを悔やんでばかりでは先に進まぬ。

次に勝った「便箋の裏表紙へのメモ書き」であるが、一般的には何故こんな行為が懲罰の対象になるのか、あるいは反対に、どうして便箋の裏表紙にメモ書きをせねばならぬのかと、二つの疑問が同時に生ずることと思う。

前者については、裁量権の逸脱と、その違法性を指摘した。それは、使用後の便箋の裏表紙の処分は、各受刑者の任意に任せていたのだから、メモ書きしたところで一方的に懲罰処分にするのはいかがか、と。

後者については、これは受刑者の生活の知恵である。モノがあふれ、その処分に困っている塀の外の人達への節約の美徳を言いたいのではない。そうせざるをえないのが獄中者の日常であり、これを説明しようとすれば、ちょっと疲れるのでやめるが、要は、メモ書きなる行為をどうしてやるのか、などと、それを理解しようという考えは無謀である。その分、他のことに貴重な時間を振り向けた方がずっと建設的だと思う。

入った、見た、分かった、の格言のごとく、入って見なければ分からない、受刑生活上の創意工夫は懲罰の対象である、この二点だけをとらえても塀の中は、近寄り難い所であろう。もっとも今どきは、垣根もぐっと低くなり「世間を騒がす」「天の声」その人や自称「神サマ」も入ったりとにぎやかになって来ているが。

次に裸体検身、別名お尻の勝利、いやケツ弾力のそれ、はたまた鍛え抜かれた名器とも。写真集の大流行ともあって、全裸か半裸か、その妥当性は、と、その反響はすごかった。

しかしこの勝利は、恥辱・屈辱に耐え、九年間、内に秘めたその恥ずかしさをバネに公開の法廷でそれを再現した純心無垢な演技、その無神経さにあった。それもあって、「便箋裏表紙へのメモ書き」で取り調べなのに、裸にして、前、後ろ、と入念な検身はやり過ぎ、特に床に両手をついての後ろの部分の検査は必要なく、違法と認定した。

被告・国側にとっては重大な敗北である。日常行事化している裸体検身と懲罰で負けたのだから。

（『そうぼう』四六号、一九九三年一〇月八日）

第二章　出所後のぼく

一　外に出て垣間見る塀の中

東拘へは、小菅で降りて正門の横を通るよりも、綾瀬から土手と塀にはさまれた小道を行く方が多い。

天気のいい日でも高い塀が日陰をつくる車も通らぬ道をのんびり歩く。

自由の身になって半年過ぎてもいまだ日陰道を好むとはこれも一種の後遺症、社会復帰が完全でない証かもしれない。

ある日、その道で奇妙な光景に出くわした。

懲役囚十数人が塀際で草刈機を動かしている。未決の間はそれをやられると音が頭にひびきイライラしたが、久し振りに囚人服を目にすると、なつかしさがこみあげるのであった。

しかし、彼らは皆、水中メガネのようなものを頭にのせていて、ぼくを見ると、皆そのメガネをかけはじめ、近づくにつれ次々と作業の手を止め、塀を向き、ぼくに背を向けた。

二人いる看守が号令をかけるわけではない。もっとも、看守も塀の外でまで馬鹿気た号令で、塀の中の実態をかいま見せるようなヘマはしないが。ぼくに気づかず作業している者に他の懲役囚が注意する。塀の方を向け、と。

草刈隊は仮釈放間近の懲役囚で編成されている。たとえ囚人服を着せられてでも、塀の外に出られたからにはのびのびしたいだろうが、それは許されない。

塀の中では、受刑者同士はおろか、幹部看守とのすれ違いの際も壁を向かされるのであるから、ぼくを、いやぼくだけでなく、社会人の姿を見ることなどもっての外、ということなのだろう。

当局による「釈前教育」がいかなるものか想像がつこうというもの。

号令社会に染まると号令でしか動けなくなる。そして、全神経を看守の号令の先読みに傾注する。それが急に号令のない塀の外に出されるのであるから、自立して生活できるまでは大変な努力と困難を克服していかねばならない。克服するだけの期間と余裕のない人は一気に矛盾を解決しようと図り、すぐ舞い戻る。再犯率の増加など当り前、騒ぐ方がおかしいのである。

新潟刑務所は短期刑の再犯刑務所である。ある区長がぼくに、当所の再犯率は九〇パーセント、と語り、当初、信じ難かったがその後、五年暮らし、実感として納得した。

ぼくが工場出役していた二年間、一級者がその工場から二人出た。一級者は舎房の事情で常時、三、四人しかいない。

収容者八〇〇人を超え、毎月、取調事犯百件以上の新潟刑務所で、一級処遇有資格の、二年半以上無事故無違反は超優良受刑者である。二人とも地元であったが、一人は一年足らずで戻り、ぼくのそばに配置され、あと一人は四ヵ月後、別の工場に入っていった。その他のぼくよりも早く出た地元の人たちに関しては……お帰り、という感じであった。「超」とまではいかなくとも、優良受刑者であったぼくは、どうにかまだ塀の外にいる。来たる九月三〇日の公判では塀の中の「教育」「指導」の実態までもが明らかにされるであろう。

傍聴参加と注目を！

（『そうぼう』二号、一九八八年九月二〇日）

二　長期独居拘禁の後遺症

出所が八七年一二月だったから、もう一年二ヶ月が過ぎたことになる。しかし、塀の中で考えていた一年後の生活と現実の生活との落差は、ちょうど逮捕される前ぼんやりイメージしてた刑務所と、体験させられた所内生活との違いほど大きい。

これが現実といえばそれまでだが、ぼくなど出所後の計画として綿密に、週単位でスケジュール組んでいた。そのスケジュール表を眺めるのがまた楽しく、日課ともなり、時のたつのを忘れ、うっとりしていた。

それが出た途端、状況がコロッと変わり、その計画書のモロモロは開けることなく、重ねたダンボール箱に封じたまま――、というのも、拘禁生活の日常はヒマだから生活設計のアレコレを自分本位に組み立て、頭の中はその世界を漂い、それが昂じると願望に過ぎないものが実現可能、いや、実現されたもの、と思い込む、ほとんど妄想の世界に近いからである。

当然、出所して直面した現実社会は願望と程遠く、獄中ボケを自覚させられる。自覚できれば幸いだが、それができない場合、ハタ迷惑である。ぼくもそのクチだったらしい。

あれもやりたい、これをやらねば、と、ギンギン出所したところが空廻り、どこかおかしいのである。

壁を見つめて過ごした七年数ヶ月は自分だけの世界で遊んでいれたが、人に混じればそうはいかなかった。

出てすぐ親と行き違いがあったのも獄中ボケである。単なるグチをまともに受けてしまった。ぼくの了見は狭くなっていたのである。

だけど、一六年振りの帰郷とあっては、手配の出る前これが見納めかと、まぶたに焼きつけた窓外の流れゆく景色を、なつかしの山、なつかしの川とばかりにみとれ……、八時間などアッという間であった。

それが、たった二泊三日で、胸ときめきおどらせ乗ってきた線にあわただしく逆に乗り込むハメになったのだから運命は非情というもの。

暮れも押し詰まった夜行寝台の上り線は乗る人とてなく、窓の外は寒々とした暗闇の海、それがつい一〇日前出たばかりの新潟を通るのだから、悲しみ本線というより、舞い戻る再犯者の心理に近かった。

幸いにも、ぼくは周囲に恵まれ、再犯者にも路上生活者にもなることなく、労働力を切り売りしてどうにか生きてこれたが、長期の独居拘禁の後遺症であろうか、人とは少し違うことに気づかされた。

それは、電話番号を五つ以上覚えられないこと、右・左の咄嗟の判断があやしいこと、当然、方向音痴ははなはだしい。ほかにも例を挙げれば……キリがない。

これは、独居でひとつことを考えると、それに執着し頭の切り換えがスムースにいかなくなったことと、左・右の号令行進を嫌悪していたことに原因がある。

おそらく脳細胞のどこかが欠落してしまったに違いない。平常に暮らしているようで、内情は深刻なのである。

というわけで、とり返しのつかぬ肉体的精神的損害を被った、長期独居拘禁処遇に対するこの裁判は勝たねばならぬ。次回は三月一〇日一〇時から、当時の保安課長に対する原告側反対尋問である。

新潟刑務所と県弁護士会とのやりとりなどひょいと出てきて興味深い。

傍聴に来て見て知りましょう。


（『そうぼう』五号、一九八九年三月五日）

三　三年目の今年はそろそろ

壁の外に出て二年が過ぎたらもう九〇年代に入っていた。しのぎに追われたこの二年、それでも外に出て懐にいちばん堪えた出来事はよく思い出す。

出所の日の夕方、都内でホテルに向かうタクシーの中、メーターがひんぱんに音をたてて上がるのだ。

目をこらし暗算すると九〇円ずつである。音をたてて加算される毎に心臓がドキンドキンする。

というのも、壁の内側の世界における五年半の平均的日当が九〇円なのだ。月収千円未満の見習工から年季奉公を重ねても最高月収で六千円弱のお給金、たとえ優秀で作業熱心な受刑者であろうと持って出る金はわずかなもの、出迎えのない出獄者にとって、風の冷たさは正門から出ても、そのまま舞い戻ることになりかねないほどだ。

先日の新聞に、東ドイツにいるベトナム人労働者が壁を突破して、西側に亡命してきた記事が載っていたが、五年間休みなく働いても国家にピンハネされ、手元に残る金は……ちょうどぼくが出所したときの所持金と同じくらいであった。

強制労働で国家に搾取され続けたら脱出するのも当然の行為だが、それはそうと、あれ以来タクシーは心臓に悪い乗り物となった。

ところで、ぼくは暮れに引っ越しした。一年半住んでた部屋は明るく静かで居心地が良かったが、あるとき松下センセ［作家・松下竜一］を部屋割の都合で長イスに寝てもらうハメになってから（センセを女性二人と一緒にするわけにはいかなかった……別に理由はないが）反省した。

一二月に入って急に思い立ち、複雑な手続きを端折り、早い者勝ちとばかりに暮れも押し迫った中頃に引っ越しした。

今頃の不動産屋は過激派、ヤクザ屋、水商売、土建屋等はお断り、それに要納税証明、要連帯保証人とくる。そうして、二、三日の書類審査を経てやっと入居が決まる。

もちろん国籍のない人は無理、ひたすら社会復帰の一念に燃え、時間と肉体を切り売りし、真正直に与えられたノルマをこなしても納税証明書には縁のない小心なぼくにとって、越えがたい障壁にみえたが……。

だけどこれで路上で越年することもなく、久し振りの厳冬を屋根の下で迎えることができた。もうセンセにも畳の部屋の用意は万端だ。

三年目の今年はそろそろ目安をつけるとき、今までの延長上ではなく、新たな発想で回りづらくなった首も伸ばして、世間とお付き合いしていきたい。

（『そうぼう』一四号、一九九〇年一月二八日）

四　病院を梯子しました

とうとう原稿も書かず、夏休みに入りました。〔自宅のある〕流山の大花火大会を屋上でバーベキューしながら眺めましょうと張り切っていたのが、雨で結局中止になった時から、今回の休みの不吉さを予感させたのでした。

八月八日に秋田に帰って、その日に入院――。と聞けば、その緊急性に少し驚くでしょう。実際は花火を見たくて、ズルズルしてただけ。一ヶ月前から予約してたのです。

どこといって悪いわけではないけれど、今になってもう少し長く生きたい欲が出てきたのでしょう。なにしろ、うちの扶養家族が多くって。

しかし、この忙しい世の中で、ベッドに寝たきりというのは、ぜいたくな休暇です。遊びに出掛けたところで、スケジュールができてて、気ままじゃないのですからね。

はじめの三、四日は、ひたすら寝てました。日頃よほど寝てないみたいに、寝てたですよ。うらやましいでしょう。

看護婦さんは手とり足とり完全看護。ここの世界は現実とは全く別社会ですから、そのつもりで現実社会に出て完全看護を要望、いや欲求しようものなら、まっすぐ鉄格子にカギ付きの部屋に戒護されてしまいます。

二〇年も前の友人が病室にテレビを持ってきてくれました。ビデオも見られる。のんびり高校野球やらニュースを眺めています。

ニュースといえば、最近は銀行員の犯罪が世の中をにぎやかしていますね。ちょっと以前は学校の先生でしたが……エーと、公平を期して、土建屋は毎度のことです、と。

一般では、あれだけのエリートが何故？　と評論家が分析してますが、あれは「世間を知らない」ということに尽きますね。

エリートであれ、コンマ以下の者であれ、目先の利益にはよろめいてしまうもの。それが業界の中で純粋培養され、業界に身をおいてるだけで一種のステイタスとされてる風潮に染まっていたら、善悪の基準が、会社の利益・業績向上となるのは必然のこと、ましてや、そこでは会社こそ全て、法を超越する存在となりつつあるのでは、それに拍車がかかります。

そうでなければ、あれだけの資金を業界ぐるみで引き出して、上から下まで日本経済のギャンブル化に熱狂させていけるわけがないのです。みんな正当な企業活動として、会社のため、自分のためと確信してやってるのですから。

評論家は、法人資本主義というけれど、〝私本主義〟ですね。〝私幣〟を発行して、市場に放出し流通させる。バブルというのは、言葉をかえればギャンブルのこと。大多数が丸損して、ごく少数の者が儲かる、ということ。

いま、塀の中に入りつつある人たちは、皆さん損した人ばかり、その分、いい思いはしたでしょうが。

そのギャンブルの尻ぬぐいに日銀が乗り出したけれど、結局は税金で負担させる――アメリカと同じ経過をたどろうとしています。

ギャンブルで負けた途方もない負けを救済しようとすれば泥沼にはまるだけ。それをやろうとしてるのですから、納税者としては気にかかるところ。

というのも、ぼくは一生分、〝身体で払った〟つもりだけど、今頃は、お札でもかなり払っておるのです。払いたくなくとも、それをしないとまた〝身体での支払義務〟が生じます。

…………痛さで薬漬けになり、ウワ言みたいな文章になりました。病室は六人雑居で、一人目立つ存在みたいです。医者・看護婦にとっては処遇困難な患者になりつつあり、そろそろ退散せねばなりません。

盆過ぎたら暑くなったですね。それでも涼しい夏で助かりました。塀の中の人も過ごしやすくてよかったです。

八月一八日

（『そうぼう』三〇号、一九九一年九月二八日）

夏の秋田の病院では、一〇日でかんしゃくおこし退院して、こっち〔自宅近く〕で入院したら、そこの医者は秋田出身、看護婦さんまでおらが郷土で固め、その献身尽しの居心地良さに、十数日もお世話になって病人生活をやっていた。

だから、今年の夏休みは長く、それがいまだに尾を引いて、ヒマがあってもなくともゴロゴロしている。どうも毎年何かしら大騒動してるみたいで、兄と違い控え目性なぼくは気恥ずかしい。

というわけで、心ある方々にはたくさん心配していただいて……もう、しばらくは大騒ぎすることはないでしょう。また、金利負担に耐えかねて、とうとう、などとおっしゃってる方もいるそうで……、そうだったろうか、と思ったり。

だけど、ぼくは医者にかかってる方が懐があったかいみたいだ。かなりの不労所得を手にしてしまった。それを元手に競馬じゃなかった、引っ越し、裁判ごくろうさま、そして快気祝と、まとめて皆さんと一杯やりたいと思っているが……いつのことか。

　飲むといえば、この前の台風はひどかったですね。海の見える丘の上に住んでいる聖人は、何処に避難したとですか？　ぼくは、ちょうど秋田に帰っていて、三日目の早朝「そうぐう」した。

　まるで覚えがない。朝、一〇時の列車でこっちに戻る予定が、目が覚めたのが一〇時前あわてておき外に出ると、列車は不通。そういえば、どうもおかしい、庭木は枝を落とし、さっぱりしている。周辺の空き地には、トタン板、木ッ端が散乱しテレビはうつらない。不覚であった。

　大体、田舎は朝までやってる店が多すぎる。全国一の人口減少県であり、県民経済は停滞したまんまなのに、飲食街だけは活気がある。女性にかこまれ、夜が明けるのも、その歴史的瞬間が刻々近づいているのも気づかず浮かれているのは、まさに世紀末。

　御帰館して一時間後、観測史上はじめての台風が通り過ぎ、死者五人、県内半分の世帯が停電、リンゴ畑は全滅、と。うちは運良く二階の窓ガラスが割れただけ、世紀末ライブを御一緒した材木屋は、被害じん大、ん百万円の木材がどこかに消えていたとか。その後始末に一週間は仕事に手がつかず、だったそうだ。

　それに比べると、ぼくは戻るのが一日遅れただけですみ、これも日頃の心がけなのだろうかと思ったりして、その夜もよく飲んだ。また入院しようかしら。

あれこれしてたら、とうとう「判決批判」を書かないうちに、控訴審の第一回目期日が入った。九二年一月二〇日一三時一五分〜

次回『そうぼう』は、格調高くいきたいと思う。


（『そうぼう』三一号、一九九一年一一月八日）

五　あれから五年、ここにきて

皆さん、お元気ですか？　早いですね。もう一九九二年も、終わりそうで、今年は、どんな一年だったたですか？

ぼくにとっては、不運かつ多難な年だったですよ。生き延びているのが不思議なくらい虚栄と虚構で暮らし過ごした一年でした。

ぼく自身、ぼくの周辺で、
一　不良体調
二　不況金欠

三　不義理絶縁

これらが一気に表面化し、さすがのぼくも昼寝ばっかし——それに浮上への賭け、〔映画〕「スティング」の世界でのそれにも敗けたしね。

なりゆきで仕事をはじめ、いつの間にか会社をやれたのも全てバブルの恩恵、あと一年出所が早ければビッグになっていたでしょう……。などと振り返るのは、人間怠惰のはじまりなのだそうです。

出所して五年が過ぎ、毎日がギャンブルのようだったし、日々に追われ、きのうの延長上にまた同じ一日がはじまる——と信じてたのもバブルの時代だったのでしょうね。

ぼくは、はじめて体験したですよ。いやいや二〇才年下の女性とかそんなことではなく、ついこの前までは、仕事の断り方に苦労していたのに、ここにきて、断わる仕事どころか、仕事そのものがなくなったことです。

ぼくをして深く反省せしめ、本業一筋、心を入れ換えさせるに十分なほどの深刻さでありました。でも、再起、復活、この立ち直りの早さは立派でしょう。

来年は、ぼくにとって飛躍の年といっているのだから、ほとんど多重人格、自分でも制御しきれない危うさがあります。だけど、単純で短絡的で日本式ヤクザ社会的なわが業界にあっては、「何を考えてるのかわからない」風なのがまだいいのかもしれません。

ヤクザ社会といえば、あの社会でも組の消滅が最近多いのですよ。いわゆる一般社会での夜逃げ、といわれる現象が。ぼくもそれを眼の当りにして、看板の力、個人の非力を考えさせられました。

ついこの前までは一声一〇〇人、それにしても天国から地獄への道は、ほんの一歩、残された者達の悲喜劇はこれからはじまります。ヤクザのうわ前をはねる人、といわれた男にとっても、来年は勢力交代の端境期、正念場でもありましょう。

飛躍の年も、緊張戦を延ばし、神経戦、ハッタリ戦に耐え抜き勝利してゆかねばなりません。仙台〔実兄〕からは、夏頃の、性格をモロに出した内容とは、少しずついい傾向の内容のお便りが届いています。単純な男には、簡単に書くにこしたことはありません。

「出所後のことは心配するな」「おつとめの間の金銭的面倒はみる」と。もう〔下獄して〕二度目の冬、太平洋側とはいえ、冷え込みはきつかろう、暖房というものがないのだから。工場では、あったかい部署にいて、面白おかしく書いているけど、それほどでもないし、舎房に戻れば氷の世界、未決最終の冬、面会室で、しきりに手をこすっているのが目につき聞くと、霜焼けだった。

出版の話があったので、執行の時期も近く、時間との競争だったのでしょう。清書、清書の毎日、指が、押せばふき出てくるようなはれようだった。手指をこすり、マッサージする間も惜しんでの原稿書きした手、しばらく言葉も出ず見詰めていたですよ。

ぼくは、彼に少し冷たかったのかもしれません、この一年間。彼にとっては、毎日が試練と忍耐の日々、それが時間単位にあるのだから、塀の外の人には想像を超えた、わからない生活です。ぼくでも、五年も過ぎればその実感は薄れています。時によっては、自分がかっては受刑者であったことなど忘れている場合もあります。多重人格だから。

無期の重圧は、その人でなければわからないもの、せいぜい彼と社会との交流の場を、細々とでも続けます。

ぼくも、皆さんが頼りなんです。眠くなったからぼくも依頼心が強くなってきて、思いは切れ切れ、孤独な深夜の食卓、車道の静けさ、ですよ。

それでは良いお年を！


（『そうぼう』四一号、一九九二年一二月二五日）

第三章　うちの労働者諸君

一　不良でヤクザな大酒飲み集団

出所して三年目の今年は春過ぎから滅法労働に精出した。掛り経費が多いので労働を小休止するわけにはいかぬ事情があるとはいえ、月が替るたびごとに、仕事がとび込み、モノが増え、負債があとからついてきた。

今までが頂戴、頂戴の陳情外交（もっぱら電話攻勢であるが）でしかなかったのが、こうなると、全てを受け入れるのは全てを失う、とばかり選択外交していった。

伸びる業績に年々歳々身動きとれなくなりつつも、いまだいやされぬ物足りなさのせいか、そのあわただしき日常はハタから見ても転げ落ちる危っかしさに見えるらしい。

ぼくの尊敬する人は、それは「メリーゴーランド」だよ、死ぬまでまわりつづけるよ、と指摘する。習慣化し硬直したものの見方、考え方から脱却するには勇気がいるようだ。

丁度いいことに今回の株の暴落、金利上昇、金融機関の融資規制で締め上げられた不動産業界の不況は見直しの時期となった。とはいえ、今後軒並み倒産が予測され、うちらの業界も緩やかに底冷えしつつある。

埼玉のこの近辺は地面の下に何が埋まっているかわからんようなところだが、この三年で地価が二倍から二・五倍に上昇した。三年前ならまだどうにかといった人たちにも、今ではもう決して手の届くことのない相場になっている。これだもの、バブルがはじけ冬の時代を迎えるのは当然のこと。

だけど、今年はぼくにとってひとつの転機だったかもしれぬ。何事も三年目とはそういうものらしいが、春から夏にかけ、学生の頃肩に下げたバックに古本を積め込み徘徊した古本屋街、そこから道路一つ隔てた都電通りの小高い丘を更地にし、そのあと、当時なら［政治的に］〝解体〟の対象でしかなかった象徴的建物を、また、一〇年前には何度も〝お世話になった〟それを物理的に破壊した。

採算度外視の受注、ぼくがバールを手にヘルメットをかぶり、軍手をして、タオルを巻いて乗り込んだ現場はここだけである。うちらは〝地上げ屋の手先〟と見られかねぬ業界だが、この近辺では古くからこれで生計を立ててる人が多いようだ。

二〇人を超える人間がいると毎日が退屈しない。このうち高校卒業したのが三人、あとは全て中学卒、読み書き、九九のできないのがたぶん五〜六人はいるはず、一人としてサラ金のブラックリストに載っていない者はいないし、当然積み立てをしてる者もいない。

給料日の夜にはほとんど使い果たし、生活費は前借でと、この悪習は止まらない。それでもここ一年の教化の成果は一人くらいあったかな。

失うものなどどこにある、といった風で生きているから人の話など耳を避けて素通りするし、虫の居所が悪かったらふて腐れて出て来ない。将来の不安など誰のこととばかり、みんな屈託なく自由に生きている。

徒弟制が色濃く残っているこの業界でさえ、親方の意向が末端までとどかない時代なのだから、まだ学生服の似合いそうな年少労働者諸君と理解し合おうとする方が疲れる。

だいたい、人と人はかならずわかり合えるはず、といった他人に対する思い入れは片思いでしかない。

先日、死刑廃止の集会に徐勝さんが来られたので聞きに行った。兄が無期、弟が七年、と刑期はぼくら兄弟と同じだが、ぼくは七年余りの獄中生活で『韓国からの通信』だけはいつも正座して読んでいた。とくに真冬にそれを手にすると、いくら矯正不能の不良囚人でも正しい獄中生活が送れそうな気になって勇気がわいてきた。

その徐さんは過酷な獄中体験を次のように話された。

イデオロギーや理論といったものは、どんなにそれが他より優越し綿密なものであろうとも拷問の前では一瞬のうちに瓦解する、よりどころとなるのは、その人のもって生まれた性向――たとえば弟の俊植のばあいは「偏屈さ」だった。それが彼の最低限守るべきものとしての非転向を支えた、と。

ほかにも力強い発言に満員の紀伊國屋ホールから盛んな拍手が送られたが、ぼくにはそれが印象に残ったお話だった。

思想性、党派性、あるいはイデオロギー的団結といったところで、つきつめれば一人一派なのだから、それら共同幻想は性向（性格）を被いかくすものとしてある、と。従って人といい付き合いをするには、性向（性格）の〝鋼の手〟はビロードの手袋にくるんでおきなさい、と。

親兄弟でさえ事によれば他人みたいになるのだから、生い立ちも環境も違う世界で成長した人たちとのわれらが世界は、熱意気配り根気の日々かもしれぬ。

いやに童顔のバイトが来ているので年齢を聞くと中二だという。担任の許可をもらったのか？　とは言わなかったが、それが中三になったら毎日来るようになった。卒業したら当然の如くそのままいついた。何人かを見ていると、よくも塀の中に入ることなく大きくなったもんだと、自分の不良だった年少時がだぶってくる。

大揮建設工業株式会社のロゴ（『そうぼう』第37号、1992年７月16日より）

〔埼玉〕県の教育長が、最近、東南部は生活水準が低く、親も教育に熱心ではないなどと発言して物議をかもしたばかりだが、管理社会から排除され、ロクに教育も受けていない彼等は、卒業して解放されたせいか、この一年でずいぶんたくましくなった。

雑多で混沌としているが、みんな成長期と思えば気も紛れる。不良でヤクザな大酒飲みの集団に、はたして九一年はどんな年になるのだろう。相変わらず見栄とハッタリで泳ぎ渡る一年だろうか。

（『そうぼう』二三号、一九九一年一月一日）

二　自分のものであってそうでないような

一九九一年もあとわずか、この残り少ない大事な時期、ぼくは風邪をひいていた。二〇日くらいゴロゴロしてただろうか。ただでさえこの時期、皆さんせわしなく、一年の締めくくりと、来たる年への期待に駆け廻るのに、ぼくは完全に出遅れた。間に合ったのは忘年会シーズンにだけ。もう来年はわからない、めどがたたない、不安である。

それでも出所して四年過ぎ、仕事をはじめて三年半、今年はもっとも落ち着けたみたいだ。はじめの一、二年は負債に追われ、その決済が一つの仕事にもなっていたのが、それも手に負えなくなると、お金は天の配剤とばかりに、ぼくのまわりをヒラヒラして身近にある。手を伸ばせばつかめてはじけるシャボン玉と。

そういえば、かっての共犯者の一人がこの誘惑に負けて居心地よくしていたのもつかの間、最近居所不明になった。行き詰まるのは目に見えていたのだから、もう一度塀の中で人生を送るつもりと腹くくり、普通では使い切れないだけの大金を引き出す才はなかったものか、と。残されたのが身近な友人諸君への不義理と、サラ金の請求書の束とは、あまりにわびしい。

というわけで、有産者にとっては、あればあったでなくなるのが不安、無産者にとっては、なければ生きていけない、(だから)あってもなくてもそれは心配の種、と定義したのはどこかの学者。さて、ぼくにとっては……自分のものであってそうでないような……誰がために貢ぐわれの一途な孝心、山なる負債。

ところで、この間の不動産不況は、ぼくの業界をも直撃した。ぼくら末端までくるのはもう少し先かと予想していたら、夏以降はっきりその兆候があらわれた。

人員が減ったこともあるが、前年度の三割近く落ちただろうか。一時的には均衡がとれていても、これが一年も続くとなると深刻である。

優に、この国の労働者の平均年収分は一ヶ月の固定費で消えていくのだから、うちの規模にしては掛り経費が多すぎる。売り上げが一定額を割れば、途端に苦しくなって、その日暮しに近くなるから、最近ではめったにしない挨拶回りなどして御気嫌を伺っている。

この時期持ちこたえられる者だけが次なるステップを踏めるのだが、ぼくは助走期間が長すぎたろうか。優柔不断、怠惰とも、いや現状に未練がましいにすぎない、とも。

あたかも断ち切り難い恋情の如く、ぼくの振る尻尾の目に涙、冬レモン。

まわりをみて、伸びた人たちは、景気の底で何らかの方向転換を遂げ、時流に乗った。好機を目前にして、それをわがものにするだけの体力をつけていたものだろう。それを見習い、次なる飛躍とできるかどうか、試練の年になるようだ。

考えてみれば、崩壊するはずのない永遠に続くかとも思われた「社会主義国家」が、その社会の末端まで貫徹していたはずの官僚制が、イデオロギーの桎梏から解き放たれたとたん、自壊作用をきたしたのだから世界は予測不能である。

ヨーロッパは国家を超えた共同体を指向する一方、かっての「社会主義国家」は民族主義が台頭し、それぞれが独立を目指すという、あたかも、時代は第一次世界大戦前後のごとく、不条理、非合理的激動を尻自に一国繁栄主義が成り立つはずがない。それでもこの国の為政者は、株が、土地がと、かつてのように一本調子の上昇を夢見て、金融政策でいままた浮上をもくろんでいる。

これからは、混乱のなかでも堅気で生きる術を学んでいかねばならないようだ。

（『そうぼう』三三一号、一九九一年一二月二七日）

三　辛いものがあるけれども、これが男の美学

前回、出した日付が六月六日、今日は七月一七日、月一回がなんの話。労働者諸君がかならずもらえると信じているお給料。信じる、信じない、にかかわらず、かならず引き落される負債のローン。

月一回の確実性などこんなもの、と居直ってしまえば気は楽だけど、それでも原稿書きを終えると、その日からはもう、張り切って張り切って、今日など、腹はかゆい、足はパンパンに腫れ、靴をはくのもやっと、朝晩は、何かしらん薬を全身ぬりたくっている。

だけど、原稿を書き終えたせいか、心身とも充実感にあふれているのです。今日は昼の間、ちょっと近くのプールでひと泳ぎしてこようか、などと。

うちの労働者諸君はこの陽射しの中、横浜くんだりまで早朝から出かけ、トタン屋根の上にのぼって、大ハンマーやらバールを振りまわして、家をたたんでいる。

うちの諸君には、労働は神聖不可侵、職人は目一杯働いてこそ男の誇り、生傷怪我は男の勲章、働いて働いて家族を養い、全身汗して気持ちいいビール飲んで、ぐっすり寝るのが男の生活。秋の旅行はソウルだよ、とおだてて労働意欲を刺激している。

今の時期、虚栄を維持するのは辛いものがあるけれど、これも男の美学。でも、ぼくはソウルに行けるのだろうか。いや、行って、帰って来られるのか。

いつかモロッコにツアーで行ったとき、出国のカサブランカ空港で、ぼくのパスポートをみいてた係員が席をはずした。同行のツアー客は全員手続きを済ませ、むこう側で待っている。そのうち制服が数十人集まり出して、近辺にちらばったのであった。添乗員は抗議しても「ノープロブレム」、もう時間がないのだからと再三抗議しても「ノープロブレム」。

添乗員の言うにはね、ぼくの職業を「プレジデント」と記載したので、どこかの王族の一員に間違われたのかもしれない、と。そうだろうよ、このツアーの同行者のなかでは、一番目立つ高貴なお方に間違えられてもおかしくはない。

　王族ならどんなＶＩＰ待遇が待ってるのだろう。うちの奥さんには、当分帰れないかもしれない。先に帰国しててくれ。いや、わたしは、あなたが自由になるまで、モロッコはカサブランカの街で待つわ。待つのは慣れてる。あなたこそ異国のＶＩＰ待遇に耐えられるかしら、などと、ゲートのこっちと向こうで沈黙の対話を交わしている間、三〇～四〇分かかったろうか。

　とうとう王族の疑いはとけて、飛行機に乗れたのでした。もう二度と行くまい、アフリカなどは。

　それで、気にはなるのだけど、盆前にその下見に行くのでもあるから、どうなるでしょう。

　なんか今回も前置きが長くなってしまった。要するに『そうぼう』の原稿を書き終えると、その充実感が、丸焼けになって、靴は履けそうになくとも、お仕事に出かけようという気分になるっていうこと。


（『そうぼう』六一号、一九九六年八月八日）

四　今年の旅行はソウル

なぜか、今年の旅行はソウルになった。話のなりゆき、はずみとはこわいもの、ほんとは、誰が行きたかったのか、それを誘導し、乗せられた振りをしてるのもまた憎たらしい、と言われる。

うちは男社会、みんな観光よりも他のことを期待してるらしく、それならと、夏休みは、ぼくの下見、となった。

暑い、熱い、ソウル。

韓国は、ツアーで行くと、グループ毎にもガイドは付きっきり、ぼくたちのガイドは三〇代なかばの女・寅さんのような女性。

それが、一通りの説明のなかに、歴史認識を喚起させるお話をするもんだから、ぼくはすぐ先祖返りしてしまった。

アメリカ情報部の急進派は、北の崩壊を年内とし、慎重派は、二〜三年以内と予想を立て、アメリカも中国も、いかに大乱なく、それの軟着陸化に腐心し、一方国内においては、それに備え、前、元大統領を極刑にするという、なんかとんでもない時期の物見遊山。

かっての宮殿に行くと、その正面にそれをさえぎるように建っている工事中の建物がある。現政権が、これを解体するとして、数ヶ月前、日本のマスコミをにぎわせた日帝統治の象徴的建物である。日本の反対派の反対の、その表向きの理由は「歴史的建造物」であるとのこと。それはたしかに「歴史的建造物」ではあるが、現政権が歴史認識の見直しを掲げ、ドラスチックな転換を推し進めようとしている側からすれば、それは単にかっての植民地支配の合理化にすぎぬ。

ぼくは翌日、まっすぐ南山公園は安重根記念館へタクシーで向かった。そこでは、夏休み中の小学生達が熱心にその生涯をノートしている。留置場の日本人看守が、書を所望し、それを家宝にしてたくらいの達筆。

ぼくが安重根を知ったのは、塀の中。銃殺されるまでのその確信と潔さを資料で追っていくと、ぼくはなにしにソウルに来たのだろうと、所期の目的に恥じ入り、小学生達に混じって再学習の場としたのであった。

暗殺された元勲博文は千円札になったものの歴史認識に耐えられず、いつの間にか使い捨てられたが、テロリストといわれた安重根は、かの国では英雄だったのだと。

というわけで無事帰ってこられて、今週末には、うちの諸君を引率して、再び出かける。

昼も夜も、みんなぼくから離れない、とか、ぼくは、サウナ入って、指圧してもらって寝てるって、みんな勝手にしたら、と言ってはおるのだが。


（『そうぼう』六二号、一九九六年一〇月一日）

五　もう一〇年やっている、あと一〇年

明日からは、また身を削られる思い。ルナ〔後出の愛犬〕との、今度は三泊四日のお別れ。うちの労働者諸君をバンコクに連れて行き、「連行」ではなく遊ばせてくる。

パッポン通りのあやしげな路地裏ではなく、アジアの歴史、その見直しを学習するための、いや、単なる観光にすぎない。実のところ、ぼくもどこに行くのか、まだパンフレットみていない。水飲むな、暑い、はぐれるな、とだけは言っている。

六年前とは大きく変わったろうが、当時でさえ、ラッシュ時の大渋滞は首都高並みだった。

この頃よく聞く話は、借り入れもしくは支払遅延のあと、旅行に行って、まもなく倒産、夜逃げ。心境としては、最後は労働者諸君にいい思いをさせたいといった気分なのだろうが、はたからみれば、残すのは負債よりも現金の分配のほうがありがたいはず。

ぼくも「よく聞く話」とはならないよう、額に汗して、これからも労働に励もうと、そのつもり。不思議なことに、この仕事は、もう一〇年やっている。

あと一〇年、忍耐と献身で。

（『そうぼう』七八号、一九九八年一一月七日）

六　アメリカとは相性が悪いようで……。

この夏は、仕事に徹していたため休みがとれようがとれまいが、それどころではなかったが、七月下旬、うちの奥さんの山口の友人から、ハワイでの夏休みを誘われた。

一ヶ月、別荘を借りたのだそうだ。他にも数家族が合流するらしい。

ハワイは、たしかアメリカの領土、それに日本人がウヨウヨしているところなどと思って

前列中央が著者、左端が愛妻「うちの」妙子さん

はみたが、せっかくだから行くことにしたのだった。行く前のぼくの懸念はトイレ。数家族合流となると、それが心配の種、行きたくない理由の最後の砦がそれであった。

ところが、それは各部屋にあって、ほかにもあると聞いて、そうして笑われた。

シーズンのため、チケットがとれず、結局、二週間近い夏休み、めったにないことだが仕事が立て混んでて、出発当日までハードな毎日だった。

仙台〔実兄〕にも面会に行った。ハワイ行きを話すと、あそこは日本語が通じるから大丈夫だと、二〇年以上も塀の外に出たことのない人に言われ、安心した。

成田への途中、保険に入るのを忘れてて、電話で一番安いのを頼んだのだった。どうせあの世に行っても、ぼくが使えるわけではないのだからと。

九・一一以降、去年の暮れの時よりも成田の手荷物検査はゆるやかになっていて、下着の縫い目までチェックされるということはなかった。

座席も、ようやくとれたにしては機内にいくつもない二人掛け。何か、とってもツイてる旅になりそうだった。どういうツキか定かではなかったが。

上空から眺めるハワイ・オアフ島は、荒れ地の多い島。多分リゾート地は別区画なんだろう、などと知ったかぶりにお話ししている間にホノルル到着。

満席の乗客はほとんどが日本人。せっかちなもんだから我先に手荷物を取ろうと立ち上がると、乗務員の叱責。サービス業にしてはかなりきつい口調で着席の指示。しばらくすると、銃を持った三人が緊張感を漂わせ、こちらに向かってくる。それが、ぼくらの前で止まった。ぼくらに内緒の用事があるらしい。

皆よりも早く降りることができ、まるでＶＩＰ待遇。これなら出迎えの友人を大して待たせることもない、などと喜んでいたら着いた先は、取調室だった。

入れ替り、三組の取調官に尋問されること二時間。うちの奥さんは「一緒に帰る」と聞かなかったが、もう二度とアメリカには来ないから、見るべきところは見ておくように、それにもしかして、銃を持ったあぶない集団が友人宅にどっと押し寄せるかもしれぬからと、あわただしく別れたのだった。

両手の指紋を四通とられ、それからすぐ出発間際の便に乗せられ、トンボ帰りの成田。乗って、帰ったら一日進んで翌日になっていたので時差ボケなどなるヒマもなく、高速をビュンビュンとばして、ペットホテルに預けているルナを迎えに、不幸があって戻ったことにして、引き取りに行った。

仕事関係にも、うちの従業員にも、連絡がとれないところにいるからと言って休んだ手前、仕事に出るわけにはいかず、二人で濃密な夏休みを過ごしたのであった。

うちの奥さんは、早く帰りたい、帰りたいで友人を手こずらしたらしいが、なんせチケットがとれず、それでも五日程早めて帰ってきた。はちきれんばかりの手荷物二つを引きずって。ほとんどが友人からのぼくへのプレゼント。

別荘とはいえ、日本では想像もつかない、二階のベランダからプールへドボン。ぼくらのため、見たこともない車を借りてて、スケジュールはビッシリだったらしい。

ぼくが入国拒否されたことを聞くと、アンタァのおとうちゃん、指なかったんけぇ、たしかあったと思うとったが、スミも入れちゃおらんかったはずやが、と。

皆さん、むかしは遊び人で、かなり悪さをしていたらしく、意気投合するのは早い。自国民は野放しで、他国民は排除してると、反米で話がはずんだらしい。

出入国カードには、「禁固刑を受けたことがある」欄があって、もし「NO」にマルをして、入国してからこれがバレると二〇万ドルもしくは二年の禁固刑である。そして、これには抗弁の権利がない。

ぼくは、取調官に虚偽の記載をしたとのことで追及されたのだった。つい、ぼくは二〇万ドル、円換算で約二四〇〇万も払わねばハワイの牢屋に入れられるのだろうか、でもそんな大金アホらしい、いやそれよりも保険がおりんだろうか、これは事故だろう、判断がむずかしかろうか、どうせ保険会社はＡＩＵ、と思ったりしたのだったが、現実にもどり、日本では禁固刑と懲役刑は別の刑であること、ぼくは懲役刑であったから虚偽の記載にはあたらないと、カードの文言の不備を指摘したのだったが、事はそんなレベルではなかった。

行く前に、ある人に、ハワイに行くので盆休みに約束していたけれど会えなくなったと言ったら、アメリカの入国審査はとても厳しい、自分などすぐはねられる、それも問答無用で、と言っていたことを思いだしたのだった。

アメリカの入国カードは、とってもあぶないカードらしい。

（『そうぼう』一〇三号、二〇〇二年九月一二日）

七　閉めるにしても

年の暮れの一二月二六日、この日の夜は年末年始恒例の、ふぐ・うに・あわびにまみれた正月休みに出発する予定にしていたから、午後は、お給料計算、振込み、支払いにとあわただしくなるはずだった。

　もうすぐ事務所というところまで来て何かがドッシン、われに返ると後ろにベンツがのめり込んでいる。まぁたベンツかと降りたらもう一台がその後ろに――玉突きになっていた。

　僕のはトランクがクシャッと、とても乗れる状態ではなく、その日の支払いも出発も全部キャンセル、気分もすぐれず寝正月になってしまった。

　そういえば浅草寺での賽銭の奮発が足りないのがいけなかったのか、ジャンボが一万円当たったのが原因か。保険会社に尋ねてみた、三年半で追突三回の実例を――。ヤナセにもそれはないらしい。

　たしかにボクは走っている、このクラスの車の年間の距離数では県内でもダントツ、下取価格を聞くと腹が立つくらいだ。

　でもぼくは事故歴もないし、保険の割引率は上限に張り付いたまま――。本当は買った時から薄々はっきりしていた。ナンバー四二二九、「死ににいく」なんだから。

　ところでこの一年業績が全く悪い。日本株の下げよりきつい。早く手仕舞いしたい。この春までにはと、深傷負う前にと思っていた。

　継続は力だが負担でもある。負担の重さに耐えかねてとまでは暗くはないが、要は気の持

虚栄とハッタリのベンツ

ちょうなのだろう。

仕事納めの日、うちの諸君に、来年もよろしくお願いします、そして年明けの初日、今年もお願いします、と言われてしまった。モノを言う口があったのかとまでは言わないけれど、初めてぼくに心を開いたんだろうという気がして、あと少しやってみようか、閉めるにしても彼らの身の立つ終わりを、と思い直して――。甘いのだろうが。

たくさんの年賀状ありがとうございました。ほかにも多くの方々からいただいています。諸般の事情により紹介できず申し訳ありません。

先日、ある方々とのお話の中で、――塀の中からの訴えが数多くきて救いを求められているが自分は彼ら受刑者の必死さに十分応えることができず、応えることのできない自分が歯がゆい――、という意味のことを話されました。

仕事のほとんどを獄中者の処遇改善に傾注しておられる方のお話だったから、無期を身内に抱えているぼくは身につまされました。

新法施行で受刑者の法的権利、処遇改善が進められているとの宣伝のもと、社会の関心の低さ冷淡さが徳島刑務所では懲役の「暴動」に結果しました。

決起した受刑者の全員が全国の刑務所に散らされ、厳重に隔離され、長期に渡ってその代償を支払わされています。

彼らの現在をケアし関心を寄せ、徳島刑務所の処遇の全容を明らかにしていくことが全体の処遇改善に寄与していくことになるでしょう。

今年も皆様方の注目関心、御尽力をお願いします。

（『そうぼう』一四七号、二〇〇八年二月三日）

第四章　可愛いルナ——私生活の断面（一）

一　娘がうちにきた

娘がうちにきたのは、三月はじめ、生後四〇日の、手の平にのるくらいの幼さだった。

なにがその気にさせたのか、天気のいい日曜日、小岩のブリーダー宅にお邪魔し、養子縁組をしてきた。見るだけのつもりが、抱えてしまったのだ。もう離れない、離さないのと、一時間あまり。三匹のうち、丸々として一番元気がよかったのが、うちの娘。

その日を境に人生が一変した。ウンコにシッコ、吠みつかれ、家の中を一緒に駆けまわったドトーの日々から、この頃は少し分別がついたのか、やさしく甘えるようになってきた。

芸無しだが、一家の主の迎え方は、ちゃんと心得ているらしい。ぼくが帰ると階段の上で伏せてシッポを振っている。近付くと、腰を、いや尻をこれ以上振れないほど振り振りし、喜び喜びして感激するのか快感するのかオシッコを振り飛ばす。それを三回程まき散らしてから引っくり返って、全身ケーレン。そこでようやくぼくがマッサージをほどこし、帰宅のあいさつをすると、娘は、顔を精力的になめまわす。目をしっかりあけて、うかつに口をあけようものなら、あの薄い舌がめり込んでくるほどの熱情。

ぼくも思わず舌と舌をからませる。そんな時、妙子さんは嫉妬の視線を投げつける。こうして帰宅の儀式が終わるのだが、着替えてる間、おもちゃをくわえて待っている。

親に似たのか若い女性が好きで、それに子供も大好き。ぼくが連れてると、まあ可愛い、と寄ってきて頭をなでにくる。こなかったら自分の方でシッポ振って寄って行く。それでも皆が皆というわけでもなく好みがあって、それもまた親に似ている。人には吠えず、家に来た人には、誰にでも愛嬌をふりまく。性格も親に似てきているらしい。

目が離せなかった頃、ＢＯＸを買い、それに入れて連れ歩いていた。それが見る見る間に大きくなって、つぎはリュックになった頃、反抗期がすさまじくなった。目には目、歯には歯、ふっとばされても向かってくる。

親がヘトヘトになるくらいの根性娘。矯正不能かと、育児方針をめぐり深刻な対立が続いていた頃、連れ歩いていたＢＯＸに、ぼくは目をつけた。

強制収容が一番と。かくして愛娘には厳正独居半日の罰がたびたび執行され、それも暗闇のなかでの隔離だから、骨身にしみたようだ。「御仕置」もわかり、晴れて人間社会に復帰し、ぼくの枕をベッド代わりに、あお向けになって寝ている。

今では「御仕置」ＢＯＸにも入らないし、色気づいた頃、もう一度反抗期があるはずだから、どこで厳正独居を執行しようか、考えている。

一五年は生きるらしい。無期の人［実兄］が出てくるまでは、親子三人健康に過ごすつもり。

（『そうぼう』五四号、一九九五年八月三日）

二　犬かき教える日立の海［カバー写真参照］

前略
暑いですね。職場は、冷房が入っていますか。それとも、陽に焼けるには最適ですか。ぼくは、かんとくしてるので立ち放しのことも多いのですよ、汗だくになって。それならいっそのことと、仕事を休みにして、ぼくだけ先日は海に行ってきました。日立の先に。平日でしたから、さすがに人は少なかったですよ。空はどこまでも高く、風はなく、波おだやかな太平洋。犬に泳ぎを教えようと、犬用に浮輪を買って、それに乗っけて海に入ったら、強烈な体験だったのか、夢中になってしがみつかれ、身体じゅう傷だらけ。
それでも、二回目からはおとなしくなって、気持よさそうにじっとしています。犬かきを教えてやりました。不思議なことに沈むのですよ。ぼくのあとをついてきたくて、泳ぎだすのですが、頭まで潜りながら必死になって……健気なものです。

パラソルの下で、たらふく食べて、缶ビールどんどん空にして、昼寝して、起きて泳いで、またどんどん空にして、大汗かいて、気がついたら夕方。アルコールはどこに消えたのでしょう。ヒリヒリするほど陽に焼けて、翌日のうちの労働者諸君への言い訳、近所のプールの監視員をやっていたと。

そうして一週間がたって、また海へ行きました。おなじく日立の海。前回、足りなくなった缶ビールをアイスボックスにはちきれる程つめこんで。

海も二度目となると、娘は自分からとびこんで行きます。泳ぐのが好きなのかもしれません。親に似ています。

今度はゴムボートにのっけて、少し沖へ出ます。まわりに若い女の子たちがキャーキャー言いながら、かわいい!!　と。

それに刺激されたのか、犬は声のする方に、頭半分沈みながら泳いでいって、あろうことか、ひょいと抱かれて、じっとしています。女の子たちは喜んで離しません。

お父さんは……ぼくもそうされたい、と彼女たちに言ったのでした。若い子が好きで好きで、お父さんにこれまたよく似ています。

こうして、あとは大宴会、帰りのアイスボックスの軽かったこと、ぜーんぶ胃袋に流し込んだのでした。

（『そうぼう』五五号、一九九五年九月三日）

三　ルナだって解体作業できるんだよ

満一才を過ぎた娘は丸々となって肉付きもよく、家の中を上から下へ駆けまわっている。先日の雪の積もった日曜日、隣の〝人跡未踏〟真っ白雪一面の公園を、首輪はずしてやると、走る、走る、そのうち手足に雪だるまこしらえて、歩くのもやっとなのに、まだ走ろうとする。うちに来た頃は、目が離せなくて、よく、現場や事務所に連れて行き、おとうさんの仕事をみせていた。

仕事というのも、建物解体業、去年の〔阪神・淡路〕大震災で一躍この業界は、全国的に認識された、アレである。いかに早く解体し、跡片なく更地にするか、を競い、それをメディアが追って、粉じん、アスベスト飛散、過積載、いや、大々的野焼き、廃棄物処分まで、規制緩和のフリーパス。

愛犬ルナ

現地の業者は、あれで三年分は優に稼いだそうだ。

ところであのボー大な廃棄物の山は今、一緒くたに積んで山にしての放置だから、業者にとっての宴のあとは、もてあましの、彷徨せる廃棄物になるのだろう。

一昔前は、地上げ屋の尖兵として、社会面を賑わせていたが、どうであれ、汚れ仕事で重労働の業界。作業は、ゴミ片付けから入る。いつか「ゴミにまみれて」とかいう本があったような気がするが、まさにホコリまみれ。

それらを目にし、臭いで育った娘は、散歩コースに建築現場があると、特に重機を動かしているなら、尻尾を振って近寄るし、労働者諸君の足元にまとわりついて、ご機嫌をとったりする。

だからか、家の段ボール箱、かって幼児期はハウスにしていたが、それを、空箱とみるや猛然とかぶりつき、解体しはじめる。

調子に乗って、そばの紙箱、木箱までちょっかい出して、

「よその家、こわしてはいけません。ったく（ママ）、ルナは、おりこうだからね、よその家こわしておこられないのはおとうさんとこの従業員、真似してはいけないねー」

そのうち、ゴミ箱をひっくり返し、それを口にくわえ、エッチラホッチラ。

「まあ、おりこう。これに廃材入れるの、収集運搬業だもんねー」

とほめられ、仕事した気分でいる。

毎日がおりこうなわけではなく、よく、叱責、お仕置き、強制隔離、振り倒しを受けているが、ケロリとしたもの、弾圧にめげず、明るく、朗らかに、の毎日。

気質、性格、となったら語気強く「そっくり」と言われる。外面良くて、もったい振りで、若い女、子供大好き。先日の天気のいい日曜日、近くの小学校のウサギ小屋をながめてから、歩きだすと、そばの団地から、小さな女の子と、そのお母さんが走ってきた。

そのうち、「ルナちゃーん」の声。というわけで日々成長、日々懸命の娘である。


（『そうぼう』五八号、一九九六年三月二〇日）

四　花火大会の日、大怪我の巻

その日の水元公園の散歩は少し遅かった。そこでの朝・夕二回の散歩は、もうかれこれ一箇月になる。そこは大きな貯水池をはさんで、埼玉県三郷市のみさと公園と、葛飾区の水元公園にわかれている。そして、わが八潮市は、それらと川を境としている。

ランキング上、日本で二番目か四番目に汚染度の高い中川である。だから、中川の橋を渡るとその二つの公園はすぐそば。もっとも、車での話だが。人にはよく言われている。車でお散歩に連れて行っていることを。

貯水池のほとりの遊歩道は、自然でどこまでも長く、橋もあって、その下に大好きな鳩が巣をつくっている。途中には、チャプチャプできるせせらぎもある。

水、橋、鳩、そして雑木林と、ともかく行けば二時間たっぷり遊べるルナ・ランド。これに電車が走っていたら言うことないのだが、線路は通っていない。

その夜は、近くで花火大会をやっていた。もともと花火・雷・排気音には過剰に反応して、家の中でも音のする方に走り、閉めた窓から外に向かって吠えていた。しかしそのときは、鳩に気がいっていたのか、真っ直ぐ橋に行き、端から端へと鳩を追いかけていたのだった。鳩は、橋の下にいる鳩が一番だ。エサに集まる鳩には見向きもしない。

そのうち、花火は佳境に入ってきたのか、間断なく上がりはじめた。鳩にあきたルナは、その音に今初めて気づいたとばかりに反応し、いきなり音に向かって走りだした。道路に出たら大変と、すぐ追いかけたのだが、もう姿は見当たらない。あたりは暗くなって、気はあせる。

長距離ランナーのように走って走って孤独と不安に大汗かいてへたばった頃、ルナはトコトコ戻ってきた。

いつもなら耳をタプタプさせ、飛ぶように駆けてくるのが、しょぼくれ、元気がない。ようく見ると後足がおかしい。足の裏にトゲが入り込んだときと同じような歩き方だ。明るい所で見てもわからない。

もう病院は終わっていたけれど開けてもらい、急ぎに急いだ。じん帯が切れたらしい。

数日後、東大農学部の動物病院で手術の運命になった。

いつもの病院なら、尻尾を振って、まわりに愛敬を振り撒き診察窓に入り、手のかからないおりこうさんと言われているのが、今回は勝手が違うらしい。なんせここは帝国大学、男先生三人の前で、おとうさん・おかあさんは神妙にお話を伺っている。ルナは、おとうさんの胸にしがみつき、診察台から逃げている。

手術は翌日。入院期間は、一週間から一〇日間。入院中の面会は……、その面会の可否が、ぼくらには一番の問題であった。隔離しての矯正が、官としての大方針と思っていたのである。けなげなルナは、早く出所したいばかりに元気なところをアピールしすぎ、初期段階での矯正を困難にしてしまう懸念があったのだ。それでも親子の情はつかの間も断ち切りがたく、意を決して「入院の付き添い」を口にしたのだった。

ところが帝国大学、この四半世紀、幾多の試練を経てきたその貴重な教訓を無駄にしてはいなかった。収容者の矯正には、何がもっとも必要とされているのかを。

男先生は言う。ワンちゃんには、飼主が面会に来ることによって、自分は見離され捨てられたのではないことを、そして、病気を治せばここから解放され、おうちに帰れることを自覚する。

面会がその孤独感をやわらげ、これまでにまさる飼主の愛をうけることが矯正を早め、術後の回復に役立つことを強調したのだった。

とっても感動的なお話に、ルナも納得したのか全身的に身をゆだね、男先生に抱かれて診察室に消えた。後も振り返らずに。

溢れんばかりの愛情を注ごうと、それから面会の毎日が始まったのだが、意外にも術後の経過が良好で、三泊四日でおうちに帰れたのだった。愛は獄壁を越え傷をもふさぐ万人衆知後ろ指。

かくして、我が家の試練はこれからあらたに始まった。標準体重の三割増しがそもそもの原因なのだから。

（『そうぼう』八五号、一九九九年一〇月八日）

第五章　親思いの息子——私生活の断面（二）

一　父が入院、母も入院

　ぼくらの年代で両方の親がともに健在なのは稀である。ぼくの親は、ともに七九才。母は栃木出身で、毎年、姉妹の家の泊まり歩きを楽しみにしている。数年前から足元がおぼつかなくなり、秋田からの帰りは、いつもうちに連れて来る。この頃は、父も一緒が多い。

　たまに父は、用事をわざとこしらえ、事前になって一緒に行くのを今回は見合わすなどと言い出し、ぼくらの目の前でいさかいをはじめるので、このたびは前もって一緒に来るかどうか電話した。

　電話口で父は、疲れやすい、力が出なくなったと、はじめて弱音をはいたが、来るつもりではいた。

　父は、ぼくとの電話のあと、まもなく仙台の姉に身体の不調を訴えたらしい。姉は、父の声を聞き、全て端折り、夫婦で秋田に向かったのだそうだ。一刻も早く、と。

　姉達は、父の元気そうな様子に安心したものの、仙台で検査入院することにして連れて行った。

そうして母は、ぼくらといっしょに流山に帰り、数日して、栃木に連れて行ったのだった。土産物の山と共に。

まもなく父から電話があって、とりあえず胃かいようで二ヶ月入院、その間、他の検査も受ける、母をよろしくということだった。

母は一人では暮らせないので、父が退院するまで、その間面倒みて欲しい、という意味である。

その三日後の早朝だった。母の泊り先から電話が入ったのは。母からは、知らせるなと口止めされてるが、様子がとってもおかしいと。

今度は、こっちが栃木にとんで行った。いろんな病気持ちで、たくさんの薬を飲んでいることから、秋田の病院を手配して迎えに行った。

母は、もう意識が混濁していた。その日の夕方、病院に着いて、待機の医師達による治療がはじまった。

一段落した深夜、医師に、検査の数値では、あと二〜三日ということもあり得ると言われたのだった。

母は、一週間ばかり、あの世とこの世を行ったり来たりしていたろうか。その後の経過は順調である。気丈な女だ。まだしばらくは切開した喉からの酸素吸入と、点滴ははずせないが、食事は少しずつとっている。

問題は、母にとって入院生活が居心地いいらしいことである。最近では、看護婦さんに退院したくないの？　なんて言われているそうだ。年寄二人の生活には、もう戻りたくないのかもしれぬ。

それは父も同じらしい。父は六月末には退院を迫られている。本人は、まだどこか悪いところがあるはず、と悩んでいるらしい。入院初期は、カフカ的世界の迷路にはまりこんだ父の言動に振り回された。

われら兄弟が神経衰弱の原因だった時期は過ぎたようだが、まだどこかおかしい。

長年にわたり堪えてきたものが、この入院騒動で一気に噴出しだしたのだろう、抑圧下にあった深層心理が。敗戦後、レッドパージ弾圧期を彷彿させる迷言、「彼の父はコアな共産党員だった」珍語録には、戸惑い、脅え、しかし真剣に対応し、深く悩まされた。笑い事ではなかった。原因の大半は、やはりぼくら兄弟の事件にあったのだろうから。

でも、もうこの頃では、迷言珍言の種も尽きたみたいで今は、現実の今後の生活に直面させられている。

父には、母との生活に自信がないのだろう。自分一人ならどうにかなっても、母の面倒見もとなると、考えも及ばなくなっている。

二人とも、「退院したくない・家に帰りたくない症候群」にかかり、これからも東北漫遊は続く。

（『そうぼう』六八号、一九九七年七月七日）

二　母の死

それは思いがけず、突然だった。

九月中旬には、いつ退院してもいい状態だったが、家の改修の都合で病院に置いてもらっていたのだった。

母は、すこぶる元気で、本人いわく、どこも悪くない、改修が遅れているのなら、出来るまでぼくの所で預かってもらいたい、入院生活はあきたと、はずんだ声で電話をかけてきていたのだった。

鼻への酸素の管は、はずせず、腎不全をかかえ、それにいつ発作を起こすかわからない二級身障者を、秋田から六百キロ超の走行、こちらの病院の手配となると無理な相談だった。

遅々として進まぬ改修に退院が遅れ、それへのいらだち、振る舞いが要介助の病人のレベルを超えていたのか、三人目となる付き添いさんもとうとう音を上げ、一〇月には交替することになっていた。来てくれる人がいたら、のことであったが。

二四年前、脳血栓で倒れてからのこの間、五～六回は入院、手術を繰り返していて、その時の母のわがまま振りは、つとに広く知られていた。

その実情を知らぬぼくは、もう年だし拾った命なんだから好きにさせたらと、大して気にはせず、それよりも、五月入院時の、あと二～三日の命の容態が日を追って回復し、その生命力、その意志の強さには目を瞠せるものがあって、むしろ内心では「母を見習え」とばかり思っていたのだった。

しかし、ぼく以外の身内は、回復するにつれ、このままおとなしくしていてくれたらと、懸念を隠さないでいた。

当初、暴れるので、手足をベッドにくくりつけられていたが、そのヒモがとれて、手真似で意志表示するようになってから、それは本格化していった。

喉に酸素吸入の管が入っているので声が出せず、手真似も通じない場合が多かったのだろう、付き添いさんに当たりだした。ひどくなるたびに、ぼくらは秋田に急行し「ガス抜き」につとめるのであった。

八月の盆休みの時もそうだった。ところが、その時は「ガス抜き」どころか、付き添いさんに、声が出るようになりました、と言われたのである。

よく見ると喉の管がなくなっている。よかったねーと、ルナ相手のようにひとしきりほめ、ほめるのが一段落したら、付き添いさんは、今朝、母が喉の管を抜いた、と言う。

付き添いさんは仰天して、ブザーを押し、看護婦が駆けつけ、主治医を探しと、大騒動だったそうだ。

主治医は若いけれどよく出来た方で、もうじきはずす予定だった、少し早くなっただけですよなどと言ってくれて、こっちは恐縮してしまったのだったが、それではおさまらず歩行の練習に入った初日の九月中旬（それまで決して歩こうとしなかった）、車イスで売店に行き、付き添いさんにタバコを買ってもらい、久し振りだとその隣の床屋さんに入り、そこでタバコを吸ったのだった。

携帯用酸素ボンベを引きずり、鼻にその管をつけたまま。床屋さんは顔なじみだけれど、怒って注意したが、素知らぬ顔で（いや口答えしたらしい）二本目に火をつけ、禁断の紫煙を肺いっぱい吸い込んでいたらしい。それに味をしめ、翌日は喫茶に行って吸ったのだったが、なぜか一本でやめたそうだ。

その次の日からは吸わなくなったが、それは皆さんに知れ渡ったせいのようだった。看護婦、主治医にも注意されてしまい、あとで母は、告げ口したのは誰だと、怒っていたらしいが。

というわけで、母は、病院側から退院をせまられていたのだった。表向きは、病状が安定しているのでもう治療することはない、ということで。

一〇月三日、リハビリの方に移されることになって、それに立ち会うため、ぼくは秋田に行った二日間、じつくり親子の対話を続けたのだったが、その第一点は、病院内でタバコは吸わないで欲しい、これであった。

不眠不休の治療と看病で生き返らせてもらったのに、タバコなぞ吸っちゃ身内はいいとしても、病院の人たちは精がないだろう。退院したら好きなだけ吸ってもいい、そのかわり死ぬ気で吸ってと。救急車も呼ばないで、家で死なせてあげるから、病院では、もう手当してくれないんだからと。

第二点は、父との生活。母は言う。とうちゃん、仙台から帰ったらボケたなと。

第三点は、入院してから今日までのあらまし。母は意見されると嫌で、ふて腐れ横になって口をきかなくなるのだが、また気をとりなおし、話しはじめるのだった。

母は、ともかくしゃべるのが好きなのだ。話を聞いて、はじめて知ったのは、母の意識がはっきり戻ったのは、八月はじめだったそうだ。ぼくらは、五月下旬にはもう戻っていたと思っていた。まだ少しあいまいで、前後する時はあったけれど、六月のなかばには、もう流動食ではなかったし、筆談していたのだから記憶していると思っていた。

ご両親に北海道旅行をプレゼント（1991年５月１日）

それで、喉の管を抜いたのも、自分では、抜いたという自覚はなかったらしい。ともかく、気がついたら病院にいて、なぜ入院することになったのかもわからない。気づいた時は、もう口もきけるし、歩こうと思えば歩ける。食欲も入院前よりもある、ということで、自分はどこも悪くないと。それだもの、タバコだって吸うはず……なのかもしれない。

話し合いは、それでは来週また来て、家を見せに連れに行こう、泊まることは出来ないけれど、上がってお茶を飲むことくらいはできる、と。そうして、すでに辞退を申し出ていた付き添いさんにまたお願いして、ぼくは帰ったのだった。

一〇月四日からは、姉が行ってくれた。ところが、五日になって、母は足が痛いと言い出し、血管に血栓ができて両足に血が通わなくなってしまった。以前、三年前もこれで救急車を呼び、入院して手術をしている。

リハビリから、また病院の集中治療室に逆送になって、その日は、心臓機能が低下しているため、麻酔をして手術に耐えられるかどうか、様子見だった。

一〇月六日の夕方は痛がらず、話も普通にできて、前日とは様変わりの血色のいい顔だったそうだ。姉は、夕方、秋田を発って仙台に戻り、その夜、二人でこれからのことを話したが、母の病状に関しては楽観的で、それよりも心配は当面の家の改修、母の退院後のことだった。父がいても介助は必要、物入りではあるねと。

電話を切って三〇分も過ぎた頃、夜の一〇時半、姉から、母の容態が急変した、数値の件を〔医師の〕夫に伝えたら、その数値だとあぶないと言っていると電話してきて、それならひと眠りしてぼくは出発するからと言って、次に父に電話すると、医者は、朝までということはないだろうけれどと言っていた、ただ、どうころぶかはわからない、と言う。

一〇月六日は仕事がハードだったので、もう一本、新発売七％のビールを飲んで、奇跡の人、母はまた持ち直すだろうなどと話し、それでも明朝は早いからとベッドに入ったのだった。

胸騒ぎというのは、あるのかもしれない。いつもならすぐ眠れるはずが、目がさえていて眠れない。義兄のいう数値に対する診断が、頭に残っていた。それで、二時半に出発した。ともかく、早く着こうと。休憩は一回、五時半に仙台付近で、秋田の大工さんに朝、早かったが電話して、家の内、外を片付けるよう頼んだ。

そのすぐ後だった、母は亡くなったと。五時五〇分に。走ってる間、待って、待ってと急いだのだけど、間に合わなかった。

家に着いたのは、八時を回っていた。手伝いの人たちにあとを頼んで、病院に行き、主治医に最後の様子を聞いて、霊安室の母と対面した。

まだ、あったかくて、安らかな寝顔だった。いつも、どこかピリピリした顔つきだったのが、本当に苦しむことなく逝ったようだ。

家に帰って片付けものをしたり、整理をしたりと、迎えの車が来るまで五～六時間は過ごしたろうか。たくさんの人が来てくれた。

人の出入りの合間、一人になったとき、とっても騒がせ、世話を焼かせた五ヶ月間の入院生活を振り返っていた。特に、最後に会ったつい四日前のときのことを。

タバコの件でぼくに言われたとき、殊勝にも、これからはなるべく人のやっかいにならないようにすると言っていた。いや、やっかいかけるのは、身体が身体なんだから仕様のないこと、そうではなく、精がなくなるようなことはしないでほしいと、ぼくは言ったのだったが、母の殊勝さを、ぼくは勘違いしていたのかもしれぬ。

それに、母は別に命に恋々としているわけではない。やりたいこともできず、ただ寝ているだけなら、逝った方がましだとも。

母には、わかっていたと思う。集中治療室に運ばれた時に。たとえ、手術を乗り越えたところで、家にはもう戻れないだろう。たとえ戻れたところで、父との生活は無理だということを。皆が駆けつけたら、変にまた執着心が出てしまうので、最後は一人で、逝ったのだろう。

とっても勝ち気で、意思のはっきりした気丈な女性だった。身内としては、せめて家に帰ってと思うのだったが、母としては、家に帰ってまでタバコも吸えないのなら地獄だよと、自由になったのかもしれない。

棺には、大事にバッグにしまっていた三本欠けたタバコを入れた。葬儀は、たくさんの花に囲まれ、多くの人が別れを告げに来てくれた。身内では、〔獄中の〕兄の存在はタブーだったが、兄の弔電が読み上げられた。

ついもらい泣きしてしまうほど、皆さん、母の死を惜しんで送ってくれて、いい葬儀だった。

（『そうぼう』七一号、一九九七年一一月七日）

三　父の漬け物・兄のメガネ

一〇月は懐具合も身体的具合も忙しい月だった。まだ終わったわけではないが。

母の一周忌が上旬にあって、このたびルナは、やむなく向かいのペットホテルに預け、列車で行った。

いつも一緒、いつでも密着の同体関係が、やんごとなき事情で二泊三泊も離れればなれになるには身を切られる思いがあった。

それはルナも同じ、早朝から身仕度してると、そわそわ落ち着かず「レディさんちでお泊り」を言い聞かせ、連れて行ったのだった。

あきらめの、切り換えの早い娘だけど、さすがしばらく「お泊り」してなかったせいか、引き渡しのとき「お漏らし」したのであった。

もう一人、去年身をけずられた父は、すこぶる元気になって生き生きしていた。一年前の入院、そして神経衰弱の大騒動からは考えられない、健康な老いの毎日を送っている。母との生活が相当なプレッシャーになっていたのだろうかと、ぼくにはよくわからないが。

ともかく元気になって、家事全般、庭の手入れ、はては、屋根のペンキ塗りまで一人でこなしている。さすが、ペンキ塗りは、そこまでやるつもりはなく、当初、業者に見積をとったらしい。

ところが、ハシゴでできるのに、「養生足場」の項目のあったのが気に入らず、それならと自分でやってしまい、ペンキ代だけで済んだ、と涼し気に話していた。

息子の土建屋は、重度の高所恐怖症、一階の屋根から二階の屋根にかけたままのハシゴを見て、その危うさにクラクラしてしまった。

無事一周忌も終わり、もうこれからは漬物の時期、「家に」いる間中、そのおいしさをいっぱい持ち上げ、ほめ上げたので、今頃は、早朝から市場に行って、場外の野菜屋さんを物色していることだろう。

今年は、梅漬けを四五キロ、カメ三つ分つくったと。試食したら、全部が全部、塩のかたまり。来年は梅漬けはいいだろうと言っていたが、あんまし漬物、漬物で、梅漬けのように張り切り過ぎねばいいが、と思っている。

一一月末、何がなんでもと北に向かった。その前の連休、秋田に父の漬物をもらいに行く予定が、歴史的大雪で取り止めにしたら、父はとっても落胆したらしい。都合をつけて、行ってきた。〔実兄への〕面会は、その途中、ついでだが。

朝四時半に家を出て、高速にのると、途中、休憩しても八時半には宮城刑務所の正門の前にたどりつける。

仙台市内は、仕事のはじまる出勤前ラッシュがあの付近、都内に入る幹線道路並みのすごさなので、それを避けるため急いで急いで気をつけて、なのが、東北道は取締りのパト、覆面パトが、とみに出没しはじめた。栃木、福島など、不足する税収を反則金で補填してるかのひんぱんさ。うっかりしてると捕縛される。

後みて、横みて、前みて、そして後と、油断なく安全運転を心掛けているが、いつのまにか並走されてて、止められる。

今までは、止められている車をみると、他人事のように横目でみて通り過ぎていたのが、今度は自分の番、他人事として笑っていたのがいけなかったのか、これからはパトを探知する最新兵器を搭載して思いっきりとばしてみたい。

宮城刑務所は面会室が四部屋あっても担当が少ないのか、間の悪いときは一部屋づつしか回転しないこともあって、先客などがいると、一時間など平気で待たされる。

今回は待つことなく、九時前に呼ばれて、いつもの仕切りのない面会室。七年間、無事故の証明マーク、通称、桜マークを見せてくれて、例年なら年一回、外に出られるのだがと。出られるといってもマイクロバスで市内周遊、バスから降りれるかどうかは不明だけど、弁当は出るらしい。外に出れるだけでも、強制労働から解放され、二〜三時間の塀の外の空気は格別なもの。無期囚にあっては、一大イベントである。来年こそは是非とも実施してもらいたいと、兄弟で面会担当者に頼んだのだった。

今、とりあえずの関心事はメガネの買い替えらしい。フチなしのトロッキーメガネを大奮発して差し入れたのは、あれから一年もたったろうか。もう度がすすんだ（……）とかで、買い替えなければ日常生活にも支障をきたすらしい。

前の大奮発をまだ覚えているのか、今度は賞与金を送るからそれで買ってもらいたい、と。自分よりもいいのをかけてるのが現れたからかもしれないが、賞与金といっても五〜六ヵ月分のお給金を全て投げ出すとは、恐れ入った。

あと一〇年もすれば、仮釈の対象になるのに出所後は、現金を必要としないのだろうか。仮釈の要件として、出所後の当座の生活費の有無、入所中の経済金銭感覚、見栄と本性、これなど考査の対象にならんものだろうかと、他人事ながら気になってくる。

今のところ、ぼくは、この業界の超不景気長期化にもかかわらず、やりくりできているが、一〇年先ともなると、さすがのカマタ君にも読めないところがある。

大手がどんどん倒産して、そのあおりが末端のわれわれを直撃している。ぼくの周辺でも、いい話は全くないし、同業者とはアフターファイブには付き合わないようにしている。飲んで気が大きくなったところで意気投合し約束した話に、ロクな結果はない。

最近は、よくテレビにも出るようになった下請・孫請の悲哀話として、不渡りになった手形をかかえ連鎖倒産、工事代金がもらえない、といったのに同情的だけれど、ぼくからすれば、そういう業者とつきあう方にも問題がある、それもズルズルと。

たしかに同情するし、とんでもない話だと怒りをおぼえるけれど、急に倒産するわけでもないのだから、お付き合いは相手を見て、なのです。今やこの業界、化かし合いの様相になってきた。仕事のない時期なので業者間のたたき合いが常態になっていて、それにあぶれた者は、どんな物件にも手を出したくなって、とびついてしまう。

ババ抜きと同じ。だまされた方がいけない、というのが今やこの業界の常識にもなりつつある。

そこで面会記。〔実兄〕学者カマタさんの講釈。資本金一千万くらいでもかなりの仕事ができる、と。何のことかいぶかると、ある独立した出版社が資本金一千万、それでベストセラーを連発している、と。その資本金とやら誰が用意してくれるのだろう。

まさか賞与金では一五〇才まで懲役やってでもたまらないし。

どうも、本人、出所後、よからぬことを夢想しているらしい。

それで、信用は金銭には換算できないものと、健全事業の常識を経験則から話したのだが、ふくらんだ妄想に風穴をあけることができたろうか。賢明なる弟・カマタ君も、仮釈放を心待ちしていないわけではないが、かけ離れたことを考えているらしいのには、長生きはしたくない気もする。

出所後の生活設計は、月々のお手当の支給と住居の保障、本人は何もしない、他人様の手をわずらわさない、御迷惑をかけない、他人様に金銭を無心しない、保証人を依頼しない、etc。

だけど、当の御本人は、ぼくの思惑、懸念をものともせず、他人資本、他人責任の実業の世界を模索中のようだ。

それで漬物だが、このたび父は百キロは漬けたようだ。これだもの、大雪が降って行かれない、となった日には、落胆、パニックになったろう。

小屋の中、樽だらけになっていて、本人もどれが、いつ漬けたものか、もうわからなくなるくらい。野菜を買い出しに行くにも、自転車には一五キロしか積めないとかで、ふらついて、もしころんだりしたら他人様にご迷惑をかけると、天気の日に何度も市場まで往復したようだ。

試食して、うまい、というと、もうすぐ雪がふるけれど、あと二回くらい野菜を買いに行って、漬けられるかな、と。ほめると、そのつもりになるし、何かしら用事をいいつけておかないと、ぼけるし、そのかねあいがむづかしい。

今頃は、また精を出して、漬けこんでいるかもしれぬ。今度はもらいに行けないので送ってもらうことになる。

（『そうぼう』七九号、一九九八年一二月一三日）

四　下関は彦島、義父母の住む漁村

暮れから正月は、下関で過ごした。大雪になってしまい、行けるか不安だったが、雪の合間をみて西走した。

下関は、彦島といって、かっては島。陽光に映える関門海峡を、タンカーやフェリーが通るのを、二階のベランダからながめていると……古代天皇制の崩壊、中世の幕開け、源平最後の決戦・壇之浦の戦いは指呼の間と、歴史へのロマンをかきたたせる、というのはまったくのウソ。

フグ食が毎日続き、何キロ食べたのだろう。アワビ、二個が限度よ、肝は三つも食べればもういいよ。サザエ、一度に一〇個は無理だよ。赤ナマコ、毎日、毎日、一週間も続けられるとアゴがおかしくなるって。

隣のおじさんが鯛を持ってきたって？　こんな大きなのをどうやって釣りあげたん？　だれが、これ食べるん。ナマモノだろう、オレひとりで？　目ん玉だけでいいよ。肉三〇〇？冗談でしょ、五〇も入らない、少し休ませて、ん？　まだモチを食べてない？　ボクを殺す気ですか。

胃袋から食道までビッシリ詰まって、空きはもうノド周辺だけ。ビールで流し込んだらって？　もう見るのも嫌、少し横にならせて下さい。お願いだから、ルーナ。

家からすぐに、老の山公園という起伏に富んだ小高い丘がある。都内周辺にはない公園のつくり、娘は、広々とした芝生の斜面をころげまわって走る。余程うれしいらしい。

過疎化だから人はほとんどいない。見晴らしの真正面は六連島（むつれじま）。先日のテレビは、人口二〇〇、花の栽培が盛ん、と。冬のやわらかな陽射しをあびて、ごろんとしてると、息をしてる世界が違うようだ。

犬の散歩をいいことに、用事がなければ入れないような路地や小道を、どこまでも歩く。かっての漁村の家並みがそっくり残っていて、その路地はほとんど迷路。

いつの間にか、大通りに出ている。これを人は、幼児期をくぐり抜けたような感じ、とでも言うのだろうか。ともかく、ブリューゲルのどんちゃん騒ぎとメルヘンの世界はあっという間。今はまだ一月の末なのに、もう二ヵ月も休みなしに働いている気分。

（『そうぼう』五七号、一九九六年二月一〇日）

五　義父母の介護と介護犬ルナの日々

うちの娘は九才になった。家に来た頃は、両手に乗るくらいの赤ちゃんだったのが、今では堂々たるマダム。若干、太り気味ではあるが親と比較したら、それも許容の範囲。目、耳、皮膚、心臓と薬は欠かせないが、相変わらず陽気で、利発で、自慢の娘。それが今は、下関に介護犬として派遣されている。

下関の義父は、二年余りの入院生活の末、結局、自宅に戻れず、施設に入り、一方、義母は圧迫骨折で一時は、寝たきりの状態から、今では身の回りのことはできるまで回復にした。

義父は、バスの中で転倒し、足を骨折してから入院生活がはじまり、持病もあったことから、検査をしながら、しばらく病院で養生しようとなった。それがいつもと違う薬を処方され、それを飲んでるうち、手足の末端に血が通わなくなり、リハビリになり、この頃はまだ自力歩行は可能であった。

そのうち、大腸が人よりも長すぎるのが便秘の原因と、その手術後の回復にも期間を要し、二年もの入院生活となったのだったが、すでに歩行器がなければ歩けない状態になっていた。

それまでは、リフォームして自宅に帰らせるつもりだったが、一度一泊させた際、義父は家での生活は無理と考えたのか、それ以降、家に帰るとは一切口にしなくなり、施設の空きを病院を転々としながら待っていたのだった。

幸い、家から車で一五分くらいの関門海峡に面した明るい部屋に空きが出て、今ではそこでの生活に馴染んだらしく、おやつとテレビがあればいい、などと言っている。でも、内心はわからない。いつもカーテンを閉め切って、テレビを見ている。だからぼくも見舞いの時は、深夜の大リーグを見てから行くようにしている。

イカ、エビ、タコをアフリカ沖まで追って、日本漁業の最盛期を海で過ごした頑健だった人が、体力の衰えとともに気力もなえてきている様子には、わかってはいても、かつてと今とのその落差に正視し難い思いがある。

義母の方は、食が細く、一人だとほとんど食べないようだが、うちの娘を連れて行ったのが大当たり。

［義母は］三食しっかり食べて少しルナに与え、その喜びように本人も大喜び、そのうえ朝のお目覚めから夜の一〇時のお茶の時間まで、義母はおやつ係になっている。

うちではあんなには与えていない。医者から「肥満は禁物」ときつく言われている。だけどぼくは、何んにも言わない。義母のベッドで添寝したり、たまに押さえ込んだりして遊んでいる。

　毎日の散歩の目当ては近くの小学校のウサギ。朝、夕、一目散に駆け寄り、ウサギを見つめている。その健気な一途さに、とくに女校長先生には可愛がられている。こっちでは考えられないくらい開放的である。

　というわけで、一年の三分の二は下関で介護する幸せを満喫し、ぼくはほとんど単身赴任。毎日つくって食べて、買い物して、それに洗濯、掃除、その合間に仕事して、とかなり充実した日々を送っている。


（『そうぼう』一一三号、二〇〇四年三月三日）

第六章　孤軍奮闘の歳月

一　ルナ死す、一三歳と六ヵ月

やっと間に合った。七月に出してもう半年、長い間ご無沙汰していました。ご心配おかけして。

ほとんどが、世界株安世界同時不況の荒波に呑み込まれて、行方が不明になっているのでは、といった心配でしたが、でもありがたいことです。忘れられていないということは。

実際この業界も疲弊してきました。ついこの前まではスクラップの高騰で有卦に入り、あれこれ投資して買い込んでいたのが、ここに来てスクラップの買い取りがピークの一割となって身動きできなくなってきた同業者がでてきています。

ぼくは買い込むお金がないので、古い重機と買ったばかりのトラックを売って当座をしのぎ、次には敷き鉄板を処分しようと時期を見ていたら暴落——ぼくも他人の事は言えません。

今、持っているのが三割になって、負債はそのままなのだから、当分の間はひっそりと暮らすことになります。

実態のないものをあるものとして、それに証をつけて世界に売り込んだのだから、それを回収して終息させるには、諸悪の根源アメリカがイラク・アフガンから撤退し、富裕層が貯めこんだ資産を没収するのがこの一〇〇年に一度の世界不況から抜け出す近道。

でもこんな具合には決してならず、世界は内乱・内戦・戦争が勃発、止むことはないでしょう。

先日、山田泉さんの映画「ご縁玉」の試写会に行ってきました。

ＴＶでこの三月放映された最後のシーンは、こたつの中に倒れるように横になって「限界」を口にされたのでした。

映画は、パリで出会ったチェリストが大分に来られ再会をはたし、山田さんがかかわってきた施設でチェロを演奏する。施設の子供たちへの眼差しがなんとも暖かい奏者でした。

映画の始まる前、監督が挨拶されました。山田さんもこの場に来たかったのだけれどもと、でも今、ホスピスに入院されていることを話したら言葉に詰まって――。

あれから一〇日後でした。新聞記事で知ったのは。

ルナは七月七日、一三歳と六ヵ月でした。

特異体質と心臓肥大を抱え病院通いは欠かせなかったけれど、陽気で力持ちと病院でも言われ、みんなに愛され可愛がられた自慢の子。二年前、突然目が見えなくなり、そして乳がんの手術を受けたけれど、陽気さ心優しさは変わらなかった。がんは転移していたのだったが。それに今年になってインシュリンを打たねばならなくなり、体力が落ちてきていた。亡くなる一週間前からは日帰り入院で点滴を受けるようになっていたが、こんなに早いとは——。

最後の朝も病室にシッポを振って入って行ったのだった。

お骨は隣の公園の見える出窓のそば、静物のお供えに囲まれている。

（『そうぼう』一四九号、二〇〇八年一二月一〇日）

二　目の前の風景が変わるほどじりじりした毎日で

前号出してからもう半年過ぎて、あまり後ろを振り向くことのない人生を送っているつもりでもリーマン・ショック以降は身の不運を噛み締めるべく、人とは会わず話さずひたすら目の前の現実を凌ぐのに追われています。

ご無沙汰ばかりしていると、人にどうしてますかなんて訊かれます。生きてるか死んでるかを訊いているんだろうけれど、まさかいつも寝てばかり、などとは言えず、いや一年前からうちに猫が出入りしてその世話に追われています――などと返事しています。

先日の新聞記事にある著名な実業家の話として、なによりも退屈なのは朝起きて決断すべき事のない一日を送らねばならないこと、とありました。

決断するにも決断する仕事のない状態がずーっと続き、特にこの一年は目の前の景色が変わるほどじりじりした毎日で、月末をどうにかやり過ごして息をしています……、と今回も言い訳が長い。

今日の新聞、週刊誌の広告にさる方〔元赤軍派議長・塩見孝也〕の生前葬がありました。なんかの資金集めみたいですが、どこか「お笑い系」の書かれよう、また久しぶりにある集まりに出ると、そこでは初めから終わりまで、自己紹介。告白すべき自己を持ってる人には居心地がいいのだろう、あの雰囲気が。でも、我らが世代は当時の我らが親の年代をはるかに超えています。

結婚した人も子供を持った人も今までと変わらずぼくと遊んでほしい、あなたたちの未来にぼくはひりひりしながらもついていくよ。

姪っ子のあっちゃん、ゴッドファーザーになれずごめん、でも二人目のときは大丈夫だよ、ファミリー愛は誰にも負けないから。

たくさんの方々からお便りをいただき、またカンパされた方々ありがとうございます。御礼もせず申し訳ありませんでした。これに懲りず今後ともお付き合いください。

（『そうぼう』一五四号、二〇一〇年三月二八日）

三　身を削って生きてきた

君打つメールわれを走らす
夜の東名朝の山陽パトかわし
花咲き山緑立ち前さえぎるものなし

コンチネンタル［ドイツ製高性能タイヤ］はいて当然歓迎された。行くといつもそうだが、今回は格別。会いたさ見たさに寝ずに走りそのひたむきさに感激された。食はすすみ飲みに呑み、口もかろやか塩漬けアナリストは世界を語り……。

おじちゃん、抱くのは右、左、

抱いたあかんぼ、目をあいた
　と姪よろこぶ

でもぼくはそこで、まったく覚えていないが、借金を申し込んだという。正座してお願いしますとやったらしい。しばらくたってからそれを知らされた。どんな返事だったか聞くのも恐いがそこはよくしたもの果報者。

　家にはお金はないが食住ならいつでも提供できる、安心して来てと言ってきた。そしてお姉ちゃんとこ、そんなに苦しいん？　とも。

　一年前、制度融資を申し込んで断られてから身を削って生きてきた。

　市場にはあふれるほど資金投入しているというが、われわれは市場ではなく地べた。資金は上に滞留し、下までは降りてこない。富める者はますます富むの時代だ。そんなアップアップしてた頃、仕事から離れ、歓迎され気持ちよく飲み、解放感にひたり、居場所を銀行と錯覚したのだろう。

　家は焼けても柱は残る、という。うちの大黒柱は健在だった。家は担保されたがぼくは身軽になった。これで一年はもつだろう、多分。

［家を抵当に入れての借金の］返済は五年だが、五年後の自身を想像できますか？　ぼくは——

猫と遊んでいるよ。

迷い猫甘え上手にじゃれまとい
ブラシせよと横になる

冬は寒かろうと車庫にハウスを作ってあげた。泥足でボンネットに乗り暖をとってても、頭なでてあげた。

エサがなくなったら、それがお前の惚れたメス猫、相手にされない丸々太ったメス猫が食うためとわかっててもあげた。

だけど気まぐれ、そのメス猫に熱を上げ留守が多く生傷が絶えない。まるで誰かさんに、そっくりだそうだ。

それでは皆さんお元気で。


（『そうぼう』一五五号、二〇一〇年六月一五日）

四　成り行きでここまで来たのだから行くところまで

二月半ばも過ぎたとはいえまだまだ寒い毎日が続きます。塀の中はこの冬、ことのほか厳しい寒さの中にあると思います。その上処遇の厳しさが重なり生き抜く気力をも、ともすれば失いかねない状況にあるのではないでしょうか。

刑務所は「社会の縮図」といわれて久しく、一般社会も大して変わらない傾向にあるとして、生き辛さと重罰化の進行などをその縮図説の当てはまりとしていますが、刑務所には「社会」も「生活」もないというのが大きな違い、別の世界であることがなかなか理解されません――ややこしい話には根気がいります。話は世代交代。

ぼくもすっかり老年期に入り、世代交代の必要性は人に言われるまでもなく自覚はしている。現状への安住の弊害を指摘され、久しく、でもその時期を逸してきているわけでも阻害しているわけでもない。

成り行きでこの業界に入って二五年になる。入った頃の同業で今も残っているのはほとんどいない。夢破れ挫折した人たちの話を聞くと、店仕舞いするには相応の活力気力がいるとのこと、それに見栄もあろうし、その日その日をやり過ごしているうちに……となるらしい。
とすれば、まだ人の事にかまける余裕のあるうちに、となるのだけれど、ぼくは成り行きでここまで来たのだから、いくところまでの方が身の丈にあっている。継続は力を信じて。

（『そうぼう』、一六五号、二〇一三年二月一七日）

第七章　癌闘病の壮絶

一　報告――癌が四つあります

手術後、具合が悪くて最近ようやく体調管理ができるようになりました。

それでもその日の具合は朝になってみなければはっきりせず、前もって予定を入れるわけにはいきません。

来週から一週間入院で抗癌剤の治療です。

あれこれ心配をかけても仕様がないことなので、今のところわかったのは大腸癌ステージⅣ――。

七月二日は二〇センチくらい切除しました。

その他、転移性肝癌、肺腫瘍、脳腫瘍があります。肝臓は癌が大きすぎるのと進行性のため、今のところ抗癌剤による治療しかありません。

抗癌剤が効いて切除できるまで小さくなって手術となるでしょうが、確率は半々でしょう。

脳腫瘍は七月二九日船橋でガンマナイフという治療を終えました。この効果は一年くらい様子見で、月に一度検査に行くことになります。

肺腫瘍は現状ではそのままのほうがいいだろうとの判断です。

五月のはじめから便秘が続いて、それに肋骨のあたりが痛くなりいつもの病院に行ったら、便秘が一〇日も続くようなら異常なので早めに大きな病院で検査を受けるように言われ、その頃はもう二週間位になっていたでしょうか、それで五月末、近くの病院で症状を話すと、連日のように検査になりました。

六月四日大腸内視鏡検査、ポリープが大きすぎてカメラが入らず、六月一一日受診して結果を聞くように言われ、その日に行くと上記のことを言われたのです。

いや、その時はまだ脳の検査をしてなかったので、大腸、肝臓、肺の三つでしたが、ともかく早めに手術しなければ、となったのです。

ここで手術するのかどうか、一日待って欲しいと言って会計を待っていたら、看護師がどこで手術するにしても検査があるので、とりあえず必要な検査日を入れましょう、次回の受診の時は家族と一緒に、と言われ最短の日として六月一三日にしました。

近くには癌センターがあるし、大学病院の紹介も可能でしたが、大きなところは手術待ちが一～二ヶ月です。受診日の担当医師も腕がよさそうなので、その医師に決めました。セカンドオピニオンなどにかかってたら手遅れになるほどぼくの（癌）は元気がいいし、活発なのです。

姉には言っておかねばなりません。

ぼくの骨を両親と一緒の墓に入れることの了解を得るためにも。［父は心筋梗塞にて二〇〇三年四月一三日に亡くなった］

そしたら手術の次の日のモルヒネもほとんど効かず声も出ない状態なのに二人で来ました。義兄のYさんが主治医に名刺を渡してくれたので、扱いがまたよくなった気がします。ぼくは痛いとか何とかうるさいですから。

直腸ポリープもあったけれど、運がよかっのは癌が直腸の少し上だったことで、袋つけての生活を免れたこと。手術前の脳腫瘍の大きさが一一ミリだったのが、ガンマナイフの治療のときには二一ミリと倍近くになっていてこれが三〇ミリを超えていたら頭の切開となっていたこと。肝臓の腫瘍マーカーが一ヵ月弱で二・五倍になっていること。手術をできるだけ早めたことで少しの期間だろうけれど生き延びることができました。

六月から滅多にないほど仕事が忙しく、それに八月決算もあり、寝ている場合ではないけれど、負債を残していくわけには行きません。

実際もう少しあると思っていたけれど［命は］たいして残っていません。これだと死ぬまで働くことになるでしょう。

うちの者たちには体調不良とか、検査入院とか言って今までどおりにしていますが、二〇日間近くも入院していたから変とは思っているかもしれません。別に言ったところでどうなることでもないし、それは他の人にでもそうです。

抗癌剤の効果は一ヶ月後には分かるそうなので、いうべき人にはそのとき考えましょう。抗癌剤はいろいろあるようだけれど、効果の実証されているのはいくつもありません。なので抗癌剤の治療はどこで受けても同じようなもの。

それなら近くの病院で選り取り見取りの女看護師に、お通じは今日は何回ですか、固いですか軟らかいですか、ガスは出てますか、お通じがないと固くなってまた手術になるかもしれないので、もっと強いお薬上げますから遠慮せず言ってくださいね、などと手厚く看護されているほうが精神衛生上いいです。

もっともぼくは彼女たちとウンコ以外の話しをしたいのだけど、皆さん忙しいからね。

いま痛み止めの薬は、ロキソニン、コンチン、モルヒネ（弱めの）の三種類を症状に合わせて服用しています。

この痛み止めが便秘のもと、それのコントロールがわからず入院中一回、退院してから二回、苦しみました。

トイレをぼく一人で占有していたのです。ところで、コンチンは薬袋には麻薬と印字されていますが、ぼくにはあまり効かないことが多く、でもこの前読んだミステリ活劇の本に、主人公は銃創の痛みをそれでもって凌いだとありました。

今日は給料日でした。午後から体調がいいので急にお給料にしたのです。

それでは退院したらまた報告しましょう。

面会は退院後の治療の日程もあり体調次第なので九月に入ってからになるでしょう。

八月二日

二　食事以外はほとんどトイレという日も

長い間連絡せずにいて申し訳ない。しばらくは二週間おきに抗癌剤の投与があり、明日から五日間入院しての三回目の投与、二回目は外来でした。

外来というのは日帰りのこと、入院させての投与よりも病院の利益が大きいからだそうで、当然、帰りはフラフラですから遠来の人や、有名病院にかかる人は近くのホテルに泊まるのだそうです。

ぼくはさいわい歩きでも六〜七分の所にある一般的な総合病院、なぜか日共系、それとは金然関係ないですが、一五年位前かな、検便で反応がでて内視鏡検査されたとき、彼らは自分たちの世間話の方に集中していて。だったので、それ以降ぼくは検査となるとよそで受けていたのでした。

これでもぼくは検査はよく受けていたほうでしょう。月々の支払い保険料だって、三年前まではこの国の労働者の平均年収に負けないくらいだったのですよ。

ほとんどは満期返戻金のあるものでしたが、掛け捨てのだってこの国の平均的な月々のお小遣いの額を上回っていたでしょう。ですから保険ならプロパーですよ、ぼくは。

でもこんなに仕事がなくなり、さすがのアナリストも損失抱えてくると年齢による保険料UPに耐えられず、保証の少ないのを選んだり、満期を更新せず払い戻しを受けたり、ともかく当時からすれば三分の一くらいになったでしょう、保証の額は。

大体この国では、六〇歳まで生きてる人は優に八〇歳まで生きるのだそうだから、お金は元気なうちに使うもの、ここまでは常識的な判断でした。

それに気になっていたのは、系統からして頭のほうでした。これは頭蓋骨の中の話。表側部分の保険はまだどこの保険会社も取り扱っていません。こんなわけでこの間、満期とか途中解約とかでこの国の平均的な退職金の額をはるかに上回るものを手にしたのですが、どこに消えたのか、息するだけでも掛かり経費が出て行く状態がつづいて！

それはともかく、今では先が見えていることもあり、その点での気苦労は減少しています。

ぼくには年金もあるのです。信じられないでしょう、月五〜六万円も。出所したとき父が国のが一番信用できると言って手続きを薦めてくれたのです。

それはそうでしょう。父が死んでその通帳を見てびっくり、総額では生涯年収をはるかに上回る年金を受け取っていたはず。長生きしたからでしたが、ぼくが二五年支払ったのは国民年金の方、それに少しの割増年金、どっちにしろもらうのは生きてる間のことなので、支払った年金のほとんどはこの国へ献納、金のない時期は［受刑者として］体で支払い、ある時は正直に納税、自分で言うのも気が引けるけれど、こういうぼくを人は愛国者というのでしょう。

そのお手本でもあり、こういうぼくみたいな人こそ国家にとっては期待される人間像そのもののはず。

脳腫瘍は先日のＭＲＩ検査でほとんど消えかかっているのが判明。これで急変の可能性はひとつ消えました。

抗癌剤は副作用がきついと言われ、たしかにそうだけれどぼくの場合、先月、八月は半月くらいは外出できました。というのも毎日三回大量の飲み薬があって、抗癌剤投与後の一週間は、起きてる時間で食事以外はほとんどトイレという日もあったのです。

別にうちのに邪険にされ居場所がなくミステリ読むため閉じこもったのではありません、新聞もテレビも、いや電話に出るのさえ、といった状態。

ですから、電話にすぐ出ないので、仕事関係の人たちは、ぼくがかなり忙しいのだろうと思っています。当然そう思わせています。

と言うわけで嗜好がかなり変わりました。それは食べ物飲み物の好みといったことだけではありません。読む本などもそうです。

病気を自覚してからは体調によって手に取る本も、その受け取り方も前よりも違ってきました。当たり前でしょうが。もう少し気分よくなったら読んだ本のことなど書きましょう。

Ａさんからは何度もメールきています。

彼女、優しいので、誰に似たの？　と会いたいのは会いたいけれども……と返事はしています。そして先日はＷさんから電話、まあ今年春先以来ですかね、電話で話したのは。最後に会ったのはたしか去年の春、だったと思う。元気そうだったね、すぐメールきました。まだ返事してないけれど。

あらもう日にちが変わりました。明日からの入院ではなく、今日の一〇時かな入院手続きは、よく憶えていない。毎日、毎食後飲む薬、その量をメモしなければ飲んだか飲んでないのか五分も過ぎれば忘れています。

それで前回の診察のとき物忘れが多くなって、これは抗癌剤の副作用か？　訊くといやそれはないというので、それならぼくはアルチッチかもしれないので、ぼくのいい日に検査を申し込んだけれど、話している途中、こんなのどうでもよくなり本来の治療に専念することにしました。

もう人には知らせないで下さい。

ぼくは今までもほとんど交流はしていないのです。聞いたり、知らされたりしたら、人は何らかの対応を迫られましょう。

その人だってどういう事情にあるのか、ぼくはそのほとんどの人を知りません。別に、ぼくの方で応対するのが嫌とか面倒とかそればかりではないのです。

なかなか理解できないでしょうが、たとえば、姉からやYさんからの電話にもうちのに対応させている状態。ぼくが電話をするのは、体調と気持ちがその気になったときです。

次の『そうぼう』でお知らせしましょう。それまでにはぼくの方で知らせるべき人にはお知らせします。何人もいないけれど。

それではお元気で。

決算が終わったら［実兄に］面会に行きます。来月早めの、天気のいいドライブ日和のつづく頃。

今期は少し利益出したかな。

九月六日

三　あれから半年も生きているよ

遅くなってようやく発送できそうです。

これを出し終えなければ次に進めないといった気分になりそうだったけれど、でもこれで気分一新、まるでこれがプレッシャーでもあるかのような言い方、それほどでもありません。

ぼくの体調気分とは関係なく、世の中、世間は動いているのですから。

今日はいい天気です。年内もう一度面会に行こうかと思っているけれど体調次第です。

先月の面会の時は良かったのですよ。あれから姉の家に顔を出し秋保に泊まり、それから秋田の家に行きビジネスに泊まって川反、夜の繁華街流したよ。

ますます寂れてきていたけれど、お目当ての店まだ残っていて、五〇〇ミリリットルを二本もやって、宿まで往復歩きの二万歩、かなり調子は良かったのでしょう。

次の日は秋田市民市場でお買い物、ぼくはもうそんなに食べるものないけれど、ここでは人への贈り物。想像通り、ここも衰退の一途。新装なって二階建ての二階は一〇〇円ショップ、一階の売り場は食料品以外はすべて撤退、食料品売り場も殆どが塩蔵物。一五年前くらいの通路を歩けないほどだった賑わいが、いまでは売り子の方が多くて、立ち止まり商品を見てたりしたら、買わなければ申訳なくなりそう。

東北の新幹線停止駅の駅前のつくりは大体同じようなもの。駅を降りたらまん前にヨーカ堂が立ちふさがり、そこを突き抜けると再開発に乗り遅れた跡地が、かつては駅前繁華街だったであろうけれど、人の気配はほとんどありません。言えることは駅前にヨーカ堂のある街は廃れる――これは真理でもあります。

秋田もヨーカ堂は近々撤退するはず。

帰りはどうやって帰ったろうかと今思い出そうとしているけれど忘れています。

でも道中の会話で覚えているのがあります。二日続けて［実兄に］面会したのに大事なこと言うのを忘れた。

まもなくの「仮釈二回目の面接」では、必ずお金の使い方を指摘され、「反省」の次は健全な社会復帰が可能なのかどうかの判断として、所内生活での金銭感覚が問われる、と。

どうしてそんな大事なこと言うのを忘れたの、引返して言いに戻る？　兄弟よく似てるわね、エエフリコキの外面ばかり。

隔離生活が長いと価値観まで偏っていくのかもしれないよ、言っておくけどお金の価値は内も外もおんなじなのよ………、

前の車邪魔だ追い越せ。

ところで姉はぼくの体調のこと一切聞かなかったね。さすがだね。

そうよお姉さんたち、みんなわかっているのよ、だから手に入らない薬をも送ってくれるのよ……、いらぬ口出ししないしね。

この春、U先生から『小笠原先生、ひとりで家で死ねますか?』を戴き、なかにピンピンコロリとあって、おおいに同感したのでした。ひとごとのように。

でも、まもなく自分がそれを告知され、あわてて身辺整理を始めたけれど三日坊主、あれから半年も生きてるよ。

今頃は寿命まで生されるとか、辛そうにしてても、演技してるとしかみなされてないようです。

柳下さんの出している『北冬』に

「ひとりで悩んでないでわたしたちに話してみませんか」話すものか。

というのがあり、これほど固くはないけれど近い感じでしょう。三〇年近く前、新潟刑で読んだ「一八四八年ウィーン革命三部作」の著者が癌の末期を知り、

すべてを呑みこんで
というのを思い出した。
先日公庫から金借りてと頼まれ、迷わず借りた。
身辺整理どころではなくなりました。

一一月三〇日

（『そうぼう』一六六号、二〇一三年一一月三〇日）

終章　全共闘不良派

一　全共闘世代とかいわれる人たち

ずいぶんとごぶさたしています。

あれからだって、二年ぶりに面会に行って、魚はみるのもイヤッという夏休み（わずか一〇日間で二・五キロ増し太り、このクソ暑いなか）、生まれてはじめての鮎釣りに、登山と、それにまた、けなげに仙台に行ってと、たくさんのイベントがありました。当然、女性にモテてたのは、相変わらず。

それでも今年は、苦しかったですよ。こんなに苦しみストレス重ね、髪はすっかりなくなりました。兄貴を超えました。で、何故に耐え忍ぶのか、破局にまっすぐ向かっているようで止まらぬ速さ。清算の仕方を考えてたときもありました。

だけど、九月に入って、持ち直しつつあつます。何がって？　仕事、仕事、ボクにあるのは、この二文字。

面接といえば、うちにも、職安に出してるせいか、月に二〜三人は来ています。

この不景気でいいのは、こちらが人を選択できるということ、かってなかった現象です。

仕事もないのに、人ばかり入れて……といわれそうですが……。

夏から秋にかけて、世の中ではたくさんの出来事が生じてたのに、ぼくは何をしてたのでしょうと振り返れば、お仕事はもちろんのことだけど、これに尽きるようでした。

塀の中の人〔実兄〕も、このクソ暑い中、塀の外で生きてる時はその気にもならなかった未体験の「労働」に熱中して、ぼくに対抗意識を燃やしています。毎日の「労働」で疲れるから、月に五〜六冊しか読めない冊数制限にあっても、これでちょうどいい、と。

塀の中では、その日に備え「労働」はできるだけやらないように体力温存をモットーにしていてた懲役のカガミともいわれたカツミ君も、とうとうこの七年でへたばりつつあります。ダンアツにもプレッシャーにも強いといわれたカマタ君もここにきて、フサイの重荷には敗けつつ、ギックリ腰になったのでした。

ホームドクターのMさんが言われるのだから間違いないでしょう。ぼくは、この一〇年くらい、それだとは知らずに生きてきたのです。もう少しグレードの高い腰痛かと思ってたら何のことはない、ギックリ腰だって。若い女性たちに、そのはなやかな関係性のなかで胸ときめかせているぼくが、みっともない。

それにしても出てから、一〇キロ近く肥えたのだから。自慢じゃないよ。すぐそばのジムにだって、一〇月は一回しか行ってない。月会費と過ごした時間を換算したら、バブル期でさえ、それほど稼げなかったですよ。何が不満で肥えるのかって？

胃袋の　飽くなき好奇　腰にゆれ
　　　踏んばり転びつ　また転ぶ

階段の　上げる右足　左足
　　　左、左の　次はどの足　一呼吸

最近、面白いのを二冊読みました。

『刑務所ものがたり』

　　　小嵐九八郎・文藝春秋
北千住の駅ビルで、雨やどりがてら本屋をのぞいたら目の前にこれ、「おれの青春の革命家魂は、新潟刑務所で雪のように……」

　の腰巻。

誰のことだ、と読めば、ぼくと同じ頃、例のポックリが流行った時期にいたらしい。なにもぼくが過大に評価されてるからおすすめじゃないけれど——もっとも過大とさげすみは裏腹の関係にあるらしいが——うまい小説です。著者のようにあの過酷な日々を全て呑み込んで書くポリシーには参ったですよ。

　全共闘世代とかいわれる人たちがあの当時のことを書いたものを、読んで、まったく面白いと思わないのは、「自己否定」と「造反有理」のしがらみから脱け切れないからでしょう。

ぼくが、それをまったくナンセンスな観念過剰のスローガンと思ってたのは、「少年期」の前半から不良と言われ続け、その延長で「青年期」をむかえた時期にあの全共闘運動に出会ったからでしょう。

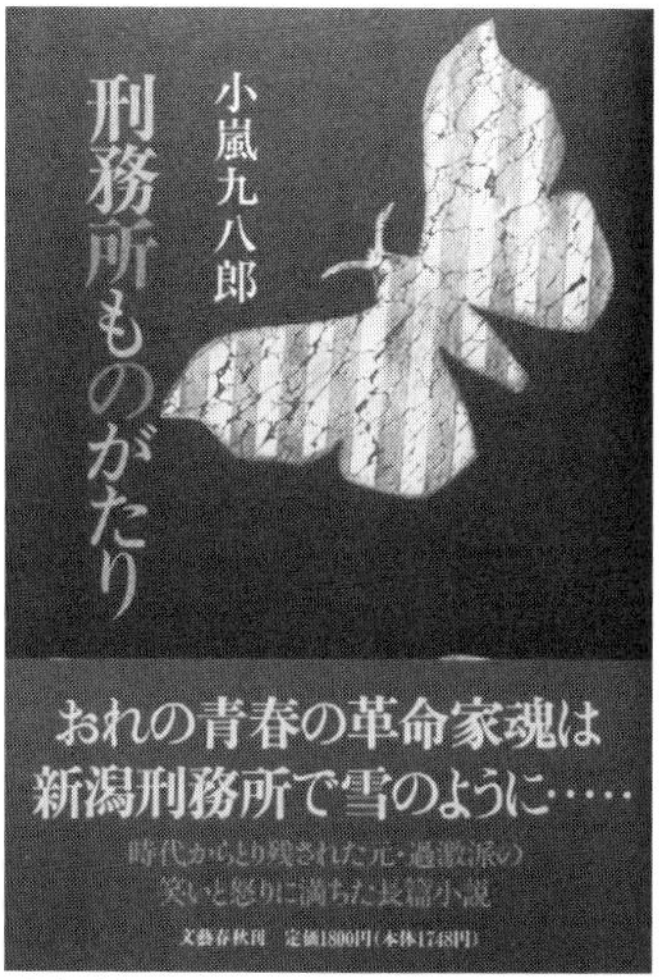

刑務所ものがたり（1994年10月、文藝春秋）

　ともかく、これから冬を迎える獄中者の方々におすすめしたい一冊と思います。そして、かって塀の中で人生の一時期を過ごした人も、もちろん幸運にも未だ入ったことのない人も、です。

　もう一冊は『全共闘白書』です。

　どこが面白いかって、何といっても編集者たちと回答者たちとのギャップです。編集委員会の人たちは、これをマジでやってるのだから、これほど面白い読み物はなかったです。

なかに議員さんもいて、それも社会党の。ＰＫＯにしろ消費税にしろ、いや、それよりも自民党一党支配の時代でさえタブーであった自衛隊の合憲、これをやってくれたのが社会党左派、いやどっちだっけ、出身の首相、まさしくなれの果て、とことん行くってタイプ。

まだ、かっての自民党タカ派といわれたグループの憲法改正論の方が筋が通って正しく法治国家、自衛隊が違憲か否かの、わかり切った判断を最高裁は逃げているのだから、国民に信を問うしかないのに、社会党はよう言ってくれました。それにしがみついている議員さんが編集委員会に名をつらね「全共闘世代」で何かしらやらかそう、と。恥知らずで、無節操で、ゴーマンで自己中心的で……誰のことだ、反消費税の時期に大量当選した人たちの中にはかつて「全共闘」の人たちがかなり社会党にいたはず、連立になったらみんなコケて、その言い分がケッサク、自分の信条と党議決定の板ばさみ、もしくは、責任ある政党の立場となると、と。

全共闘白書（1994年８月、新潮社）

この人たちは、全共闘運動が、学校当局、教授たちの言行不一致、裏切りへの怒りをバネに盛り上がった頃、わかりやすくいえば、肩書きにしがみついた教授たちの、彼等の信条とその現実姿勢の矛盾をシレツにキューダンし、「立場の論理」じゃなく、「自身の論理」を展開せよと、時にはぶんなぐって、コテンパンにノシたのではなかっただろうか。因果な話。

あの時代、傷つき、不運にも亡くなった人たちは浮かばれまい。

何といっても、［全共闘］運動をバネに成り上がった人たちが集ってのことだから、姿勢うんぬんを言うのは野暮、質問事項の内容に彼等の現在があるのです。

話を変えて。

先日、大江健三郎の講演を聞きにサントリーホールに行ってきました。メインは光さんのコンサートでしたが、満員の会場で、ぼくは前から三番目正面席、招待客のようです。

講演はもっぱら「夢」のお話。光さんは夢を見ないものと思っていたけれど見るらしい、最近それに気付いた、と。後日、立花隆とのテレビ対談で、大変謙虚な物言いをされてたけれど。

そして、自身のみた「夢」は安部公房が出てくる夢で、自分が安部公房になった夢だったか、右と左が逆になった夢のお話だったか、ぼくは忘れたけれど、ともかく夢をみたので、翌日それを安部公房に話しに行ったそうです。「夢」の内容を話し、「夢」については安部公房の方が大先生らしいけれど、大江健三郎は、安部公房に自分がみた夢は、アベコベだった、と。それを聞いた安部公房はムッとして一言もしゃべらなかった、と。客席を湧かせたのでした。ノーベル賞受賞の報道はその一週間くらいのちだったでしょう。世界を湧かせました。受賞のコメントでは物故した先輩の方々をたてたですね。

コンサートの最後に、客席でお母さんと一緒に聞いてた光さんは、拍手のなか、ステージに上がりました。

「今日は、ぼくの曲をたくさん聴いて
いただきありがとうございました」

花束が両手にかかえきれないほど手渡されます。何度もおじぎして、また大きな拍手のなか退場して行きました。その後ろ姿をみながら、ぼくは「聖なる人」を感じたのでした。とってもいい講演とコンサートだったですよ。あれで、歩くのがやっとだったギックリ腰もなおったのでした。

まあ、ぼくの優雅な日々の一端をヒローすればこんなもんですが、ついでに、この前、はじめて山へ登ったのです。それもボサツ［大菩薩峠］へ。本格派の友人と一緒だったから、へたばったちゅうもんじゃない、クジラのような息使いで周囲の人をびっくりさせてしまった。二年分くらいの運動をしたろうか。

これにこりず、今度は妙義山へ行ってきたとよ。次は榛名山となったところで金策に敗けてギックリ腰。

だけど、立ち直りの早いぼくは、明日は［社員旅行で］シャンハイ、いやもう今日になっているか、大群衆、大雑踏に分け入り、日中友好、ぼくは何をみてくるのでしょう。

もっぱらお化粧した女性かな。

（誌面も尽きました。お粗末様でした）。


（『そうぼう』五二号、一九九四年一一月一六日）

二　中山千夏さんに一〇年ぶりのお礼

去年［一九九五年］の暮れは、本当にスペイン、モロッコに行ったのだろうか。その前は上海へも。

まったく九五年は、思い出す間もない一年であった。

何が忙しいたって、お金に追われるのが一番。逃げても逃げても、ついてまわり、かわし、返し、払って、貰い、とやってるうちに、とうとう首が回らなくなって、この二ヵ月は、カイロ［カイロプラクティック］通いの、カイロ中心の毎日である。

春頃から腰痛がひどくなって、週の半分はゴロゴロ。そのうち背中が張って、自力更生もかなわず、整体に来てもらい、整形に通いと、気持ちは焦ってもさっぱりだった。

それがある日、TVで観たのがきっかけで、都心の〝カイロ〟に通うようになって、もうそろそろ仕上げの段階にきたみたい、足が悪かったらしい。

当初は、身体の筋肉がパンパンに張って、触られるだけでもヒーヒー言ってたのが、背中と腰の痛みはとれたようで、あとは、足と尻、これに首、となれば、すっかり別人。人生の折り返しが過ぎて、なお、全く別の人生が歩めるような、人生観が変わりつつある心境である。

三年半の厳正独居は、現象的には腰痛だったけれど、精神的には将来への不安がふっ切れることはなかった。座位の強制、運動不足が足にきていたらしい。出所後も腰には、無理を重ねたこの間だけど、これで来年からは、展望がひらけそうである――明るいあしたが。

もう一年も報告するのを怠っていたが、去年の一二月、中山千夏さんに一〇年振りのお礼を言うことが出来た。というのも、八潮市で「女性大学」という講座が市役所の、ある課で主催していて、その最終回が千夏さんだった。市の広報などめったに見ないのが、たまたまそれで問い合わせたところ、男も参加しているという話だった。

たしかテーマが「女の生き方」とかいう、女の自立を、いや女に自覚をうながすような、身に覚えのある男にとってはやっかいなテーマでもあった。会場は二〇〇人も入っていただろうか、嫌な予感が……そのなかで男はぼく一人。二時間あまりのお話の間、「勇気ある男性」「黒一点の方」とか言われ目立つことしきり。

お話は、生い立ちから、タレント時代、議員の頃は若干端折って現在と、これからの活躍を示唆してるかのような内容だった。

参議院の法務委員会で、ぼくの厳正独居をはじめとした処遇の不当性を何度も追及してくれたことが、どれほど勇気づけられ、励みになったかしれない。

孤立とは怖いもの、人格を崩壊させる。刑務所の厳正独居の処遇は、隔離して、懲らしめ、そして矯正する、という人格をも変える処遇である。一般的には、転向を強制する処遇ともいえるが、「転向」などという薄っぺらなものではない。

ぼくが人格を矯正されず、それに研きをかけ、社会復帰できたのも千夏さんの追及が徹底的だったからである。人間は社会的動物であることを実感させられ、一人でも生きていけるなどという気負いは、ゴーマンでもあると知った。

当時の支援の輪は、隔離を鍛錬の場と化すほどの力を与えてくれたのである。裁判では、被害の実態しか主張してないが、鍛えられたのであった。

というわけで、一〇年も過ぎてからのお礼であったが、ぼくにとっては、ついこの前、バブルのピークに出所し、その最終レースにようやく間に合い、レースを降りるまでの五年間、熱い日々だった。火傷しながら走っていたようで、その間が、今では欠落している。だからついこの前――となるのでもあるが。

千夏さんが、ワイドショーに出演していた頃は、学園斗争のピーク、東大斗争を指して、「おちて言うわけではないが、あんな大学つぶれたらいい」と。隣の青島さんは絶句。

大学を解体できず、生き返らせ、活動家は、復学して、代議士になっている、誰も責任をとらない風潮が現在の政治の混迷にある。

かっては、戦争責任で、天皇の責任追及を回避したことが無責任体制を形成したとなっていたが、われらが世代では、当時の運動に対する無責任さが、全共闘世代、といった言葉の一人歩きにあらわれ、われらが世代の政治家が村山政権を支え、自民党一党支配時代には成し得なかった危険な選択を次々と成している。

政治とは税のとりたて方と、税の分配の仕方、これにつきる、簡単に言えば。イデオロギーや政治的立場などでその代議士を評価していたのでは、現実に間に合わない。村山政権で労組を骨抜きにして、重要案件を片付け、懸案の住専、不良債権の決着。おだてたら、ハシゴをはずされても踊ってる社会党は、野球でいえばタイガースみたいなものだろうか。

住専で一財産スッたものだから、それの救済となると、おれの分も、と自然、力が入ってしまう。
というわけで一年が過ぎていく。

（『そうぼう』五六号、一九九六年一月一〇日）

三　中津のセンセ［松下竜一］

中津一泊二日の「松下竜一展」。連休というのに大分空港からの中津行きのリムジンは乗客三人。実りの秋、稲が台風で倒れたままの田んぼの中を、リムジンはひたすら中津へ、中津へ一時間半。

運転手は、退屈じゃろうと気を遣い、ＮＨＫラジオのど自慢大会をサービスしてくれ、旅愁をあおる。

駅に降り立ち、いつもは車なので、このたびはいい機会だと、歩き出した。人も通らぬ大通りを、見当であっちだこっちだ歩いて歩いて、まぎれこんだのが夜の大通り、ネオン街。ここだけは景気いいのか、店もビルも看板もネオンも新しく、人口の割りには釣り合わない派手派手しさ、バブリッチ。

真っ昼間なのについついつい路地入って、上みて下みて、大探検。ともかく、人がいない、歩いていない。中津の大半の人は、今頃「竜一展」の図書館さ、と思ってはみるものの、大昔には、さぞ人でにぎわったであろう商店街が昼なお暗く、シャッターが降りたままとあっては、図書館は大行列で並んで、遅くなったら入れなくなるかもしれぬと、宴のあとの郷愁にひたっている気分になれず、気もそぞろ、しかし、その図書館もみつからない。

人のあとについて行けば、お目当てのところに着くとわかっているのに、その気配もない。ようやく、はるか前方にリュック・ジーパン姿の人が通り過ぎるのが見えた。あれだあれだ、と元気を出して、あふれる汗をふきふき見失わないようあとを追って、追って、追いかけて「竜一展」。

たどり着くまでが、まあ長かったが、そこは「松下竜一その仕事展」であった。どこにこんなに人がいたんだろうという盛況さ、バッチバッチ写真をとった。（久し振りに得さんにお会いした。年の重ねかたは十人十色、とても得さんにはかなわない。）

夕食は、センセ宅に呼ばれ、杏子ちゃんは、もう八ヶ月。ようやく、洋子さんと水入らずの生活を送れると思ってたセンセは、当分それもおあづけ。

あまえてばかりは、いられないようです。（図書館側も日増しに記録的、記念的イベントになりつつある「竜一展」に、行政の見直しの参考にしているとか。来春頃には「竜一展全記録」といった本が出るかもしれぬ）。

（『そうぼう』七八号、一九九八年一一月七日）

四　無題

正月休みはのんびり通ごし、会うべき人には会って来た。

皆さんぼくが病人には見えないと言ってくれる。人と会うのは体調がいい時だけだけれども、そう言われると自分でも病人なのを忘れそうになるのがおかしなところ。

でも天災病気は思いがけなくやってくる。

先月下旬のこと、ようやく体調も良くなり、仕事に出かけたのだったが、これまでとは違う痛さに早々に帰ることにした。

途中、家に連絡して病院に連れて行ってもらうことにしたが、痛さは家に寄るよりまっすぐ病院へ行けと告げていた。着いてすぐCTを撮られ、ついてたことに主治医がいた。腸閉塞で一週間は入院、鼻から管を入れて吸い出すけれど、それでも、もぐりこんだ小腸が離れなかったら手術。このあたりでぼくは気を失ったらしい――。

気がついたら、主治医が管を手にして、右がいいか左がいいかと。片方だけだったのか管は。それは幸いだったと。だけど、その管を鼻からどこまでも入れていくのだった。

そのあとは一晩中、鼻から吸い出され口からは吐き出してと、慌しく朝までやっていた。言いつけを良く守り、正しく病人生活を送っていたからか、回復の速さは意外なほど。主治医は手術を考えていたようだつた。

今回は痔のときのようには笑えなかった。いくら冷や汗をかいて、真に迫っていても、真夜中でしかもギャラリーは不在、見てもらいたかったよ。

痔のお話は笑える話だけれども、その昔高橋和巳の痔の本は面白かった。たしか痔になって行った病院の待合室の情景を描いた内容だったと（思う）、こういうのを書いていたら〔高橋和巳も〕早死にすることもなかったのに……、ともかく、あの年代の人たちは豪傑でしたね。戦争を経てきた人たちは違うんでしょう、ぼくたちのは紙の上での戦争でしたから。

このたびはたくさんの方からお便りを戴きました。

ぼくよりも苛酷で困難な状況におかれている人たちにまで気にかけていただき本当に果報者。

お見舞金まで戴いてしまいましたが、ぼくの場合、とっても残念なことは、快気祝いができそうにないこと――ではありますが、案外、治療法の方が追いつくかもしれません。

（『そうぼう』一六七号、二〇一四年二月二五日）

引きずり込む、鎌田克己さんの文

小嵐九八郎（作家・歌人）

俺は、四十ウン歳まで、新左翼の党派に属していたが、そして、本著の主である鎌田克己さん、そのお兄さんでありなお宮城刑務所に無期懲役で服役している鎌田俊彦さんの名を十二分に知ってはいたけれど、一面識もない。もしかしたら指名手配の写真を見ているはずだが……。

「解題」を記しているたけもとのぶひろさん（ペンネーム滝田修さん）についても、新左翼の死者二十七人を悼み鎮魂とした当方の『蜂起には至らず』の取材の過程でかつて日本赤軍に参加した経歴を持ち、後に日比谷公園で自死する人にそのきりりとした人となりやパワーを聞いていたけれど、会ったことはない。

その上で、鎌田克己さんには借りというか義理がある。俺がもらった唯一の賞の小説に、鎌田克己さんが刑務所とその元締めの国家を相手にして明白に真正面から闘い、弾劾した件を、あたかも当方が小便刑で入所していた時期のようにフィクション化して書いている。件とは、新潟刑務所でたった六日間（！）で四人が「ポックリ病」で死に追いやられたことである。「刑務所では、人をこんなに酷(むご)い扱いをしているのだよ」と世間の人人に知ってもらうために鎌田克己さんが中心に頑張った『ぽっくり病?! 新潟刑務所集団獄死事件』、『二重の檻』の資料がどれほど役立ったことか。そして、今回、ゲラになる前の原稿を読み、鎌田克己さんの国家を相手にした闘いによって、少なくとも、なにかというと懲役を裸にして男根と尻の穴を検査する刑務所のやり方は国家側の敗北となったわけで、鎌田克己さんは「懲役の全ての人人よ、諦めるな」と大いなる勇気をくれたと解る。

その、借りと義理の眼(まなこ)でこの鎌田克己さんの、お兄さんの鎌田俊彦さんの救援機関誌『そうぼう』の、あくまで「編集後記」を、つまり、推し測るに、私情をできる限り少なくして、書きたいことも制限して書いたゲラ以前の文章を読んでいった。言い訳じみたことを予(あらかじ)め記すと、当方は老いて惚けも進行しているのだが、一応、年間三十冊ばかりの書評を稿料をもらってやっているわけで、かなりクールな読み方をした。

それでいくと、一つ、当方と入れ違いと思われる時に新潟刑務所に下獄した鎌田克己さんだが、一九八二年以降の懲役の処遇について、俺みたいな、遊び、その〝税金〟としての我慢、党派にカンパしてくれそうな仲間の探し、もし組織をクビになったら実録ものか虚構に仕立てて元を取り返そうなどという実に好い加減な態(てい)なのに対し、鎌田克己さんは、刑務所側の縛りの具体を含め、論として、とりわけ一九八四年の「ポックリ病」死の多発以降のことを、厳しく、経験者として考察している。

二つ、ここいらあたりから、おーや、と引きずられていくのだけれども、出所後の労働、食うための働きについて、真剣である。こういう話は非公安犯でも公安犯でもかなり珍しく、解体業の設立と社員の必死な面倒見とあり、愛犬への並み並みならぬ情けと、ごめんなさい、誰に詫びれば良いのかエンターテイメントの要素を深くして、娯楽作家としては盗みたくなるほど面白い。時折り出てくる、叙情的、演歌的、フォーク・ソング的詩も、舌足らずのところが何とも切ない。自称歌人には解ってしまう。

三つ、老いて、息子の俊彦・克己兄弟の件でものすごく苦しみ悩んだはずの両親について、実に一生懸命に心配していること。それで、鎌田克己さんが秋田出身と知り、当方も秋田の外れの能代に八歳までいて、煙っぽい川崎にきて土着語でいじめに会い、大学で上京したらもっとしんどかったろうと、自分勝手な推理をしてしまい、借りと義理はどこへやら、感情移入が激しくなった。

ま、全共闘や新左翼の党派でやった人が国会議員になったり、儲けたり、あれこれしているのを「自己を語れるものを持ってる」と皮肉ったり、「無責任」、と書くのにはちょっぴり引っ掛かったけど……。必死に、きっちり闘い抜いた人の中には死んでる人の方が多い。獄中に入ったり、除名されたりした人に、当方の回りには自殺者や野宿者や貧民がほとんどである。現役の諸君も、世の流れを見れないというより、時代についていけず、取り残され「それでも」と、いじらしい。

四つ、最期の多臓器ガンによる死の記しは、実に、厳か。俺も、かくありたい。頭を深く垂れます。

とどのつまり、読み終えると、鎌田克己さんの性格は、照れ屋、過ぎるほどの情けに満ち、人間としての分岐点に誠実そのものと解る。「ああ、良かった」と読後に感じる年間の二、三本の一つであった。

冥福など、あの世ではないであろう。

でも、祈りたくなる。

著者略歴

鎌田克己（かまた・かつみ）

一九四八年八月、秋田県出身。

一九六八年四月、法政大学入学、全共闘運動に参加。

一九七二年六月、前年頻発した、警察や米軍施設などにたいして行わた、いわゆる「爆弾闘争」に関係したとして全国指名手配。逃走中、そののち妻となる妙子さんと知り合った。

一九八〇年三月、山口市内で逮捕される。

一九八二年四月、東京地裁にて懲役「七年」の判決。控訴せず刑が確定し新潟刑務所に下獄。

一九八四年夏、新潟刑務所内で「ポックリ病」による集団死亡事件発生。

一九八六年四月、「ポックリ病」による集団死亡事件を発端とする刑務所側との処遇上のトラブルから、国・刑務所長を相手に提訴。

一九八七年一二月、新潟刑務所を満期出所。

一九八八年、解体業、大揮建設工業株式会社を設立。

一九九一年八月、獄中訴訟の判決、東京地裁民事で一部（弁護士面会不許可部分）勝訴。

一九九三年七月、獄中訴訟の控訴審判決、東京高裁民事でも一部（取調での裸体検身部分）勝訴。

一九九六年、獄中訴訟の上告審、最高裁棄却で高裁判決が確定。

二〇一四年一二月九日、多臓器癌にて死去、享年六六歳。

解題者略歴

たけもとのぶひろ（㈲メディア・コム代表）

一九四〇年、京都府出身。

一九六七年、京都大学大学院博士過程在籍中助手試験に合格。博士課程を中退し経済学部助手。専攻はドイツ社会思想史。

一九六八年、折からの学園闘争時「滝田修」の筆名で全共闘系学生の視点から精力的に発言。

一九七二年、前年起きた自衛官刺殺事件（いわゆる「朝霞事件」）の〝黒幕〟と喧伝され、全国指名手配を受ける。

一九八二年、一〇年余の逃亡生活の後逮捕されるも裁判では一貫して無実無罪を主張。七年後の一九八九年懲役五年の有罪判決。但し未決勾留期間の期日認定が判決日数を上回ったことから即釈放された。

一九九六年、出所後拘ってきたテレビ番組制作会社を経て、自ら映像制作会社「㈲メディア・コム」を設立し現在に至る。

著書に『ローザ・ルクセンブルグ論集』（共著・情況出版・一九七〇年）、『ならず者暴力宣言』（芳賀書房・一九七一年）、『滝田修解体』（世界文化社・一九八九年）、『泪の旅人』（青林工藝舎・二〇〇一年）などの他、編著として、上山春平著『憲法第九条――大東亜戦争の遺産』（明月堂書店・二〇一三年）などがある。

現在、明月堂書店のブログ『極北』http://meigetu.net/にて天皇及び明治維新に関する論考を連載し好評を得ている。

ぜんきょうとうふりょうは　しょうがい
ある全共闘不良派の生涯

2015年12月9日　初版第一刷発行

著者
かまたかつみ
鎌田克己

編集
たけもとのぶひろ

カバー・組版
杉本健太郎

発行人
末井幸作

発行・発売
株式会社 明月堂書店

〒162-0054東京都新宿区河田町3-15 河田町ビル3階
電話 03-5368-2327
FAX 03-5919-2442
定価はカバーに記載しております。乱丁、落丁はお取り替えいたします。

ISBN978-4-903145-52-5 C0036

＊明月堂書店の本＊

既刊

憲法第九条―大東亜戦争の遺産

元特攻隊員が託した戦後日本への願い

上山春平 著

四六判／上製／定価（本体2400円＋税）

最もよく戦った者が最も強く平和を願う

著者は青春のすべてを大東亜戦争に投じた。回天特攻隊の一兵士として二度出撃し二度生還した。そして、彼は問わずにはおれなかった。

あの戦争から未来へと歴史をつなぐとしたら、その道はどこをどう通ればよいのか、と。

自らが発した問いの答えを求めて問いつづける情熱、その祈りにも似た思索の姿、それが本書だ。